LE CHANVRE

LA FILATURE ET LA CORDERIE

DANS LA DISCUSSION

DU

TARIF GÉNÉRAL DES DOUANES

AU SÉNAT

PAR

M. Dominique DELAHAYE-BOUGÈRE fils

« La protection est un droit du citoyen
et un devoir de l'État. »

ANGERS

IMPRIMERIE LACHÈSE ET DOLBEAU

13, Chaussée Saint-Pierre, 13.

1882

LE CHANVRE

LA FILATURE ET LA CORDERIE

DANS LA DISCUSSION

DU TARIF GÉNÉRAL DES DOUANES

AU SÉNAT

LE CHANVRE

LA FILATURE ET LA CORDERIE

DANS LA DISCUSSION

DU

TARIF GÉNÉRAL DES DOUANES

AU SÉNAT

PAR

M. Dominique DELAHAYE-BOUGÈRE fils

> « La protection est un droit du citoyen
> et un devoir de l'État. »

ANGERS

IMPRIMERIE LACHÈSE ET DOLBEAU

13, Chaussée Saint-Pierre, 13.

1882

LE CHANVRE
LA FILATURE ET LA CORDERIE

DANS LA DISCUSSION

DU TARIF GÉNÉRAL DES DOUANES

AU SÉNAT

Par M. D. Delahaye-Bougère fils.

La protection est un droit du citoyen
et un devoir de l'État.

Messieurs,

Vous avez fait un bienveillant accueil aux notes que nous avions réunies au cours de la discussion du Tarif général des Douanes à la Chambre des Députés. C'est pour nous un encouragement à vous présenter les documents qui concernent la discussion des tarifs de l'industrie chanvrière au Sénat.

Maintenant que le tarif général des douanes est voté définitivement, il serait oiseux de s'étendre longuement sur ce sujet.

Aussi nous bornerons-nous, Messieurs, à vous demander l'insertion des textes qui, croyons-nous, ont leur place marquée dans le bulletin de *Société industrielle et agricole de Maine-et-Loire*.

1

Ces textes en disent assez, sans qu'il soit besoin de les accompagner de commentaires.

A vous de juger, Messieurs, si en se refusant à protéger la culture du chanvre, M. le Ministre du commerce et de l'agriculture a pris la défense des intérêts de notre département. A vous de voir s'il est équitable de protéger la filature et la corderie, et de laisser les agriculteurs et les peigneurs de chanvre exposés, sans défense, à la concurrence étrangère.

CHANVRE

Les extraits des rapports de M. Pâris et de M. Pouyer-Quertier, nous montrent deux opinions contraires sur cette question si importante du droit des matières premières.

Le libre-échange des matières premières est devenu depuis 1853 et surtout depuis 1860, un dogme économique, une « arche-sacro-sainte », comme dit M. Fresneau, auxquels il est défendu de toucher.

La majorité de la Commission sénatoriale n'a pas osé y porter la main.

Dans son rapport sur les matières animales et végétales, page 24, M. Pâris dit :

« Les matières nécessaires aux industries dont l'expor-
« tation est considérable doivent, selon nous, demeurer
« affranchies de droits de douane. Il a été dit, à la vérité,
« que notre exportation n'aurait rien à souffrir, si l'on
« restituait à la sortie sur les produits fabriqués les droits
« perçus à l'entrée sur les matières premières. Mais nous
« avons reconnu que l'extrême variété de ces produits,
« la transformation multiple qu'ils subissent et l'art con-
« sommé des fraudeurs rendaient les drawbacks impra-
« ticables. »

M. Pouyer-Quertier répond à la page 53 de son rapport général :

« En ce qui concerne les matières premières, la taxa-
« tion a été combattue comme devant nuire à l'industrie

« qui, d'après les adversaires de ces taxes, se trouverait
« gênée dans son exportation, le drawback étant à la fois
« ruineux pour le Trésor et d'un fonctionnement difficile,
« pour ne pas dire impossible. Vainement les partisans
« de cet impôt ont objecté que le drawback était encore
« appliqué en Angleterre, et, qu'avant 1860, bien loin de
« ruiner le Trésor, sur une recette totale de 228,444,955 fr.
« réalisée par l'administration des douanes en 1859, les
« drawbacks n'avaient atteint que 48,801,915 fr., y com-
« pris les sucres, qui en prenaient la plus grosse part, ce
« qui laissait une recette nette de 179,643,040 fr.; vaine-
« ment ont-ils ajouté qu'en faisant rendre à l'impôt des
« matières premières une somme qui pourrait atteindre
« 200,000,000 fr., on rendrait à l'agriculture sa prospé-
« rité en même temps qu'on trouverait des ressources de
« nature à alléger les impôts intérieurs de consomma-
« tion; ces arguments que nous reproduisons pour
« mettre à couvert la responsabilité de leurs auteurs,
« n'ont pu triompher des résistances très honorables
« qu'ils ont rencontrées même de la part des esprits
« les mieux intentionnés envers l'agriculture et le travail
« national. »

Nous nous rangeons à l'opinion de M. Pouyer-Quertier
et nous pensons que la culture du chanvre en Anjou
souffrira de plus en plus de l'importation en franchise
des textiles étrangers.

Pour vous montrer combien cette concurrence est
sérieuse, permettez-nous, Messieurs, de vous lire le chapitre VII du rapport de M. Pâris (p. 114, 115 et 116).

« CHAPITRE VII

« FILAMENTS, TIGES ET FRUITS A OUVRER.

« Le tarif général actuel exempte de droits tous les
« filaments, tiges et fruits à ouvrer, à l'exception du
« coton en feuilles cardées et gommées, autrement dit la
« ouate, qui est imposée à 124 fr. 80 les 100 kilogrammes.

— 4 —

« Le projet en discussion maintient cet état de choses, sauf
« pour la ouate, à laquelle il applique la taxe de 10 fr.
« inscrite aux tarifs conventionnels. La Chambre des
« Députés a adopté le projet du Gouvernement.

« Les délégués des Sociétés agricoles ont émis le vœu
« que les lins et chanvres bruts fussent taxés à 1 fr. 50 ;
« les lins et chanvres teillés, peignés et en étoupes
« à 10 fr. les 100 kilogrammes.

« La Commission a constaté que la culture du lin et du
« chanvre, si avantageuse aux contrées où elle est floris-
« sante, s'est restreinte, depuis 1860, à 30,000 et à 80,000
« hectares, au lieu de 110,000 et 167,000, que cette dimi-
« nution a été dommageable, non seulement pour le pro-
« ducteur, mais pour le simple ouvrier des champs,
« occupé par le rouissage et le teillage de ces plantes à une
« époque où le travail agricole fait généralement défaut.
« Elle s'est demandé à quelles causes tient ce change-
« ment apporté dans les assolements, et elle a reconnu
« que la production indigène du lin et du chanvre est loin
« de suffire aux besoins de l'industrie française ; elle
« s'approvisionne pour plus des deux tiers au dehors.

« Lins en tiges ou teillés ; Étoupes.

	Quantités.	Valeurs.
« 1877......	79,092,019 kilogr.	96,970,020 fr.
« 1878......	63,390,514	68,301,264
« 1879......	68,866,571	75,090,377
« 1880......	66,003,826	66,285,745 [1]

« Chanvres teillés, peignés ; Étoupes.

« 1877......	16,789,630 kilogr.	17,576,826 fr.
« 1878......	16,006,513	16,131,027
« 1879......	19,598,318	14,501,946 [2]
« 1880......	13,191,922	10,862,252

« On ne peut nier que la préférence accordée par la
« fabrication française aux lins et aux chanvres de

---

[1] Cette somme est erronée : il faut lire 69,042,111 fr.
[2] Cette autre somme est aussi erronée : lisez 17,461,798 fr.

« l'étranger ne contribue à restreindre, dans une certaine
« mesure, la production française. Mais si nos industriels
« du Nord achètent des lins russes plutôt que des lins
« cultivés dans les départements de l'Isère, par exemple,
« c'est qu'ils y trouvent un avantage dans la différence
« qui existe entre les prix de transport. L'établissement
« d'un droit compensant cette inégalité rendrait-il à la
« culture du lin son ancienne prospérité? cela nous pa-
« raît d'autant moins certain que la Belgique, qui reçoit
« les lins en franchise, a vu d'année en année sa pro-
« duction s'accroître. En 1846, on cultivait dans ce pays
« 29,879 hectares en lins; en 1856, 32,836 ; en 1866,
« 54,045 ; en 1877, 60,000. Quand bien même la taxe de
« 10 fr. les 100 kilogr. constituerait une protection effi-
« cace et amènerait quelque extension dans notre pro-
« duction linière, l'intérêt de l'agriculture n'est pas le
« seul qui s'impose à notre examen. La question que
« nous avons discutée au sujet des laines se représente
« quand nous nous occupons des textiles. Le lin et le
« chanvre, comme la laine, le coton, le jute, sont des ma-
« tières indispensables à l'industrie des textiles. Imposer
« les matières premières, c'est, par voie de conséquence,
« grever de charges les industries auxquelles elles sont
« indispensables , depuis la filature jusqu'au tissage.
« C'est favoriser le coton, le jute, concurrents du lin et
« du chanvre. C'est placer l'industrie linière, même sur
« notre marché intérieur, dans des conditions d'inferio-
« rité qui nuiraient à la production agricole. Au point de
« vue de l'exportation, ces charges seraient plus lourdes
« encore. Or, notre exportation en fils et toiles de lin ou
« de chanvre a une très grande importance, ainsi qu'on
« en jugera par les chiffres suivants :

	Fils.	Toiles, etc.	TOTAL.
« 1877 . .	5,575,603 fr.	29,426,715 fr.	35,002,318 fr.
« 1878 . .	4,965,469	24,115,229	29,080,698
« 1879 . .	6,350,301	24,981,618	29,331,919
« 1880 . .	5,991,762	27,120,795	33,112,557

« Nous devons donc éviter, même dans l'intérêt de
« l'agriculture, de prendre aucune mesure qui puisse
« troubler une des sources de notre fortune, l'industrie
« linière. Ici encore, la cause de l'agriculture est soli-
« daire de celle de l'industrie. La Commission vous pro-
« pose, en conséquence, de maintenir l'exemption dont
« jouissent le lin et le chanvre.

« Seront également exempts le jute, le phormium
« tenax, l'abaca et autres filaments végétaux, les joncs
« et roseaux bruts, les écorces de tilleul pour cordages,
« les coques de coco, calebasses vides et grains durs à
« tailler. »

Pour être complet, dans cette partie de son rapport,
M. Pâris aurait dû citer les importations du jute, textile
qui ne figurait même pas dans le tableau décennal du
commerce de la France de 1847 à 1856 ; qui était déjà
compris pour 6,662,775 kil. dans la moyenne décennale
de 1857 à 1866, et dont voici les importations pour 1879,
relevées au commerce spécial :

« Jute en brins ou teillé 39,131,874 kil. valeur 17,609,343ᶠ
« Jute peigné   584,998   526,498

Total..... 39,716,872   18,135,841ᶠ

A la concurrence des chanvres russes et italiens, vient
donc s'ajouter celle du jute qui remplace le chanvre
dans la moitié des produits pour lesquels on l'emploie.

Assurément, nous ne voulons pas dire qu'il aurait fallu
prohiber le jute, qui a permis le développement d'une
industrie nouvelle, tributaire de l'Inde et de l'Angleterre
pour l'achat de sa matière première.

Mais il importait, croyons-nous, de ne pas permettre
à l'industrie du jute de contribuer à la ruine de la culture du chanvre.

Et malgré les raisons très sérieuses exposées dans le
chapitre que nous venons de citer, nous persistons à
croire qu'il aurait été de bonne justice de frapper ce textile, ainsi que les chanvres étrangers, de droits égaux à
la somme des impôts et des contributions supportés par
100 kil. de chanvre récolté en France.

FILATURE & CORDERIE

S'il entrait dans notre plan de réunir tous les documents relatifs à la discussion de la filature du lin et du chanvre, nous devrions vous proposer l'insertion du remarquable rapport de M. Denis, sénateur de la Mayenne. Mais nous ne nous occupons que de la filature du chanvre, dont il n'est pas parlé dans ce rapport.

Pour la partie historique de la question, nous citerons un discours de M. Feray, président de la Commission.

Les discours de M. le marquis de Carné nous montrent les cordiers, sans porter atteinte au principe de la protection, demandant l'abaissement raisonnable d'un droit sur les fils de chanvre.

M. le comte Le Gonidec de Traissan, qui les avait déjà défendus à la Chambre des Députés, a bien voulu nous présenter à M. le marquis de Carné et à M. le général Robert.

Ces honorables sénateurs ont consenti à déposer quatre amendements dont deux intéressaient le tarif de la filature du chanvre.

M. le marquis de Carné a scrupuleusement étudié les questions que nous venions lui soumettre, s'informant des plus petits détails, afin de n'apporter devant la Commission et à la tribune que des affirmations indiscutables.

Il n'a pas dépendu de lui que nous n'obtenions gain de cause.

Vous jugerez, Messieurs, en lisant le compte-rendu de la discussion, si les arguments de M. Denis méritaient de l'emporter sur ceux de M. le marquis de Carné.

La discussion du tarif de la corderie a commencé au sujet de l'amendement déposé par MM. Achille Joubert et le baron Le Guay.

La forme ingénieuse sous laquelle ces honorables sénateurs de Maine-et-Loire avaient su présenter leur demande de tarif pour les ficelles, a permis, par la seule introduction du mot *poli*, au tarif de la filature, l'adoption de droits qui devaient faire suite à ceux dont M. le marquis de Carné demandait, avec plus de raison, l'inscription au tarif de la corderie.

M. le baron Le Guay a emporté de haute lutte le vote du Sénat contre M. le Ministre du commerce et de l'agriculture.

CORDERIE

Il ne nous reste plus à vous signaler, dans les documents antérieurs à la discussion, que le rapport de M. Dupuy de Lôme sur la corderie.

Nous vous prions de vouloir bien autoriser son insertion, ainsi que celle des tableaux comparatifs des droits de douane extraits du rapport général de M. Pouyer-Quertier.

Nous passerons ensuite, sans aucun commentaire, comme nous vous l'avons promis, aux extraits du *Journal officiel,* concernant la discussion des tarifs du chanvre, de la filature et de la corderie, non sans vous remercier d'abord, Messieurs, de l'attention bienveillante que vous avez daigné nous accorder.

SÉNAT

SESSION 1881

Annexe au Procès-Verbal de la Séance du 3 février 1881.

RAPPORT fait au nom de la Commission[1] *chargée d'examiner le projet de loi, adopté par la Chambre des Députés, concernant l'établissement du tarif général des Douanes, (ouvrages en sparterie, corderie et vannerie), par M. Dupuy de Lôme, sénateur.*

Messieurs,

. . . .

L'attention de votre Commission a été appelée spécialement sur les ouvrages de corderie. Ils constituent une

[1] Cette Commission est composée de MM. Feray, *président;* De Parieu, Ancel, *vice-présidents* ; Paris, Denis (Gustave), *secrétaires;*

industrie importante qu'il importe de protéger dans une proportion rationnelle contre des importations excessives. Il résulte des tableaux de douane que l'importation des cordages de chanvre, qui était seulement de 109,600 kil. en 1867, s'est élevée dans ces dernières années à 600,000 kilog., et encore cette importation ne comprend pas la quantité si considérable des cordages introduits en franchise de droits depuis la loi du 19 mai 1866, permettant la francisation avec un droit insignifiant des bâtiments de mer *tout gréés*.

Il y avait dans ces importations en franchise de navires tout gréés, ainsi que dans la franchise de droits pour les cordages accordée aux constructeurs français, une cause d'énorme perturbation pour notre industrie de la corderie, en avilissant tous les prix, même pour les cordages non destinés à la marine, principalement pour les numéros de grosse et moyenne corde mesurant au kilogramme de fil moins de 500 mètres.

La loi nouvelle du 29 janvier 1881 sur la marine marchande porte remède à cette situation, puisque, d'une part, elle retire aux constructeurs français la faculté d'introduire en franchise de droit des cordages destinés aux bâtiments de la marine marchande et que, d'autre part, tout en maintenant aux armateurs la faculté d'acheter à l'étranger en franchise de droit, leurs bâtiments de mer tout gréés, elle donne aux constructeurs français des compensations qui ont pour résultat de leur permettre de lutter avec avantage contre les constructeurs étrangers et, par conséquent, de réduire la quantité de bâtiments tout gréés que les armateurs français achèteront encore à l'avenir en franchise de droit.

Dans ces conditions, le tarif des douanes pour l'importation des cordages mesurant moins de 500 mètres par kilogramme de fil simple, cessera d'être une lettre morte.

Dupuy de Lôme, Caillaux, Mayran, Cordier, Scheurer-Kestner, Gaston Bazille, Dauphinot, baron De Lareinty, Pouyer-Quertier, Robert Dehault, Oscar De Lafavette, Issartier, Cherpin.

Quel doit être ce tarif pour les cordages précités ainsi que pour les cordes plus fines entrant dans la catégorie des ficelles proprement dites, qu'elles soient retordues ou des ficelles simples, polies, blanchies ou teintes?

Telle est la question que votre Commission a étudiée avec grand soin.

Il est peu d'industries qui aient réalisé en France de plus grands progrès que celle des cordages ou des ficelles, et qui mérite davantage d'être convenablement protégée contre la concurrence étrangère. Cette industrie s'est depuis dix ans entièrement transformée en France. Au travail à la main, elle a substitué l'emploi de machines très ingénieuses mais aussi très coûteuses.

Les machines dites à toronner, les machines à cordages sont des appareils compliqués exigeant l'établissement de très vastes ateliers, de véritables usines. Les polisseuses mécaniques sont de merveilleux outils, mais qui exigent une force motrice considérable et une immobilisation de capital des plus importantes.

Cependant, les tarifs de 1860 ont été bien peu justes envers cette industrie et contenaient à son égard une erreur évidente. Les cordages et les ficelles y sont moins protégés que les fils de chanvre employés à leur fabrication ; aussi de pressantes réclamations nous ont-elles été adressées pour relever les droits sur ces articles, et cela nous a paru de toute justice ; déjà le tarif voté par la Chambre des Députés fait disparaître en partie l'anomalie précitée en portant à 18 fr. 50 par 100 kilog. le droit sur les cordages et ficelles mesurant par kilog. de fil simple 500 mètres et au-dessous.

Ce droit de 18 fr. 50 nous a paru suffisant et convenable pour cette catégorie ; mais comme, après avoir maintenu à 16 fr. les 100 kilog. les droits sur les fils simples de la première classe, votre Commission a été conduite à relever ceux des classes supérieures, il lui a paru rationnel d'établir pour les cordages et les ficelles quatre classes : la première, au droit de 18 fr. 50 les 100 kilog. pour les produits mesurant au kilogramme de fil simple, moins de 500 mètres; la deuxième, au droit de 25 fr. les 100 kilog., pour les produits mesurant au kilogramme de fil simple de 500 à 2,000 mètres; la troisième, au droit de 30 fr. pour les produits mesurant au kilogramme de fil simple de 2,001 à 5,000 mètres; enfin la quatrième, pour les produits mesurant au delà de 5,000 mètres, serait assimilée pour les droits aux fils retors suivant l'espèce du filament et l'état du fil.

Votre Commission a jugé aussi qu'il convenait dans l'énonciation de cette assimilation, qui existait déjà dans le tarif voté par la Chambre des Députés pour les ficelles mesurant plus de 2,000 mètres au kilogramme de fil simple, de supprimer le mot *pour tissage* qui se trouvait dans la rédaction du tarif de la Chambre, puisque la Commission a pensé que la nomenclature des fils retors *pour tissage* devait disparaître du chapitre 342.

Enfin, pour qu'il n'y ait pas d'incertitude sur l'application du tarif des cordages et ficelles, et considérant que, parmi les produits incontestablement destinés à l'usage des ficelles, il en est qui ne sont pas retordus, mais bien en fil simple *polies*, quelquefois *blanchies* ou *teintes*, et qu'il importe donc d'appliquer à ces ficelles, ainsi préparées, le même article du tarif que celui des ficelles retordues, des fabricants de ficelles ont demandé qu'on rédigeât l'en-tête du n° 538, ainsi qu'il suit : *Cordages, ficelles en écheveaux ou en pelotes, retordues ou en fil simple, polies, blanchies ou teintes.* Votre Commission n'a pas jugé cette modification nécessaire.

Pour les filets de pêche, des réclamations se sont produites tendant à établir qu'en présence du droit de 70 fr. les 100 kilogrammes sur le filet en coton, celui de 20 fr. par 100 kilogrammes pour les autres filets, notamment pour les filets de chanvre, est insuffisant. Mais votre Commission, tenant compte du grand intérêt qu'il y a aussi à ce que nos marins pêcheurs ne payent pas leurs filets un prix excessif, a cru ne pas devoir élever le droit de 20 fr. les 100 kilogrammes pour les filets de pêche autres que ceux en coton, droit voté par la Chambre des Députés.

En résumé, votre Commission a l'honneur de vous proposer le tarif ci-après pour les ouvrages de *sparterie*, de *vannerie* et de *corderie*.

NUMÉROS DU RÉPERTOIRE.	FABRICATIONS.	DROITS.
	Ouvrages de sparterie, de vannerie et de corderie.	les 100 kil. — fr. c.
538	Cordages et ficelles { de sparte, de tilleul et de jonc	3 75
	autres mesurant par kil. de fil simple { 500ᵐ et au-dessous.	18 50
	de 501ᵐ à 2.000 ..	25 »
	de 2.001 à 5.000..	30 »
	plus de 5.000.....	Droit du fil retors, suivant l'espèce du filament et l'état du fil.
539	Filets de pêche ... { en coton...................	70 »
	autres....................	20 »

TABLEAUX COMPARATIFS DES DROITS DE DOUANE

D'après : 1° *Le Tarif général actuellement en vigueur ;* 2° *Le Tarif conventionnel actuellement en vigueur ;* 3° *Le Tarif général proposé par la Commission de la Chambre des Députés ;* 4° *Le Tarif général voté par la Chambre des Députés ;* 5° *Le Tarif général proposé par la Commission du Sénat.*

TABLEAU A. — TARIF D'ENTRÉE

(Page 107 du Rapport général)

Nᵒˢ DU RÉPERTOIRE.	MATIÈRES VÉGÉTALES	TARIF GÉNÉRAL actuel.	TARIF CONVENTION-NEL.	PROJET de la Commission de la CHAMBRE.	PROJET voté par la CHAMBRE.	PROJET de la Commission du SÉNAT.
	Filaments, tiges et fruits à ouvrer	les 100 kil.	les 100 kil.	les 100 kil.	les 100 kil.	les 100 kil.
	(M. Paris, *rapporteur.*)	fr. c.	fr. c.	fr. c.	fr. c.	fr. c.
131	Coton .. { en laine ou non égrené............	Ex.	(d)	Ex.	Ex.	Ex.
	en feuilles cardées et gommées (ouate)..............................	124 80	10 »	10 »	10 »	10 »
132	Lin et chanvre bruts, teillés, peignés ou en étoupes..................................	Ex.	Ex.	Ex.	Ex.	Ex.
133	Jute en brins, teillé, tordu ou peigné.........	Ex.	Ex.	Ex.	Ex.	Ex»
134	Phormium tenax, abaca et autres filaments végétaux bruts, teillés, tordus, peignés ou en étoupes.............................	Ex.	Ex.	Ex.	Ex.	Ex.
135	Joncs et roseaux bruts.......................	Ex.	Ex.	Ex.	Ex.	Ex.
136	Écorces de tilleul pour cordages..............	Ex.	(d)	Ex.	Ex.	Ex.
137	Coques de coco, calebasses vides et grains durs à tailler....................................	Ex.	(d)	Ex.	Ex.	Ex.

Nos du répertoire.	FABRICATIONS	TARIF GÉNÉRAL actuel.	TARIF CONVENTIONNEL.	PROJET de la Commission de la CHAMBRE.	PROJET voté par la CHAMBRE.	PROJET de la Commission du SÉNAT.
		les 100 kil.	les 100 kil.	les 100 kil.	les 100 kil.	le kil.
		—	—	—	—	—
		fr. c.	fr. c.	fr. c.	fr. c.	fr. c.
.337	***Fils.*** (1) (M. GUSTAVE DENIS, *rapporteur.*) — FILS DE LIN OU DE CHANVRE. Fils simples écrus, mesurant au kilogr. :					
	1re catégorie.					
	2.000 mètres et moins......................	47 42	15 »	20 »	16 »	» 16
	2.000 — à 5.000 mètres..................	47 42	15 »	20 »	18 50	» 20
	2e catégorie.					
	5.000 mètres à 6.000......................	47 42	15 »	25 »	18 50	» 25
	6.000 — 10.000......................			25 »	25 »	» 25
	3e catégorie.	59 90	20 »			
	10.000 mètres à 12.000......................			35 »	25 »	» 35
	12.000 — 20.000......................			35 »	37 »	» 35
	4e catégorie.	99 84	30 »			
	20.000 mètres à 24.000			50 »	37 »	» 50
	24.000 — 30.000......................			50 »	45 »	» 50
	5e catégorie.	156 »	36 »			
	30.000 mètres à 36.000......................			65 »	45 »	» 65
	36.000 — 45.000......................			65 »	62 »	» 65
	6e catégorie.					
	45.000 mètres à 60.000 mètres...............		(a) 60 »	35 »	62 »	» 85
	7e catégorie.	205 92		115 »	99 »	1 15
	60.000 mètres à 80.000 mètres...............					
	8e catégorie.		(a) 100 »	160 »	149 »	1 60
	80.000 mètres à 100.000 mètres...............					
	9e catégorie.			200 »	200 »	2 »
	Plus de 100.000 mètres......................	67 39 à 264 58	20 » à 133 »	Droits des fils simples écrus, augmentés de 30 0]0.		
	Fils blanchis ou teints,......................	54 91 à 280 80	19 50 à 130 (b)			
	Fils retors écrus	76 13 à 358 18	26 à 172 90 (c)	Droits des fils simples, blanchis ou teints augmenté de 30 0]0.		
	Fils de lin ou de chanvre mélangés, le lin ou le chanvre dominant en poids...............	Régime de la partie la plus fortement imposée (d).		Mêmes droits que les fils de lin ou de chanvre pur, selon l'espèce et la classe.		

(1) NOTA. — Pour tous les fils et tissus le tarif proposé par la Commission du Sénat est établi au kilo au lieu des 100 kilos.

(a) Le tarif conventionnel établit une catégorie de 36.000 mètres à 72.000 mètres taxée à 60 francs et impose à 100 francs les Fils de plus de 72.000 mètres.

(b) Ces droits sont ceux des Fils simples écrus, augmentés de 30 0]0.

(c) Ces droits sont ceux des Fils simples blanchis ou teints augmentés de 30 0]0.

(d) On applique la prohibition si le filament qui entre dans le mélange est prohibé à l'état de Fil.

Nos du répertoire.	FABRICATIONS	TARIF GÉNÉRAL actuel.	TARIF CONVENTION-NEL.	PROJET de la Commission de la CHAMBRE.	PROJET voté par la CHAMBRE.	PROJET de la Commission du SÉNAT.
		les 100 kil.	les 100 kil.	les 100 kil.	les 100 kil.	le kil.
	Fils (*Suite*.)	fr. c.	fr. c.	fr. c.	fr. c.	fr. c.
338	FILS DE JUTE PUR					
	Écrus mesurant au kilogramme :					
	Moins de 1.400 mètres		5 »	7 »	6 25	» 07
	De 1.400 m. à 3.700 m. exclusivement	74 88	6 »	9 »	7 50	» 08
	De 3.700 — à 4.200 —		7 »	11 »	8 75	» 09
	De 4.200 — à 6.000 —		10 »	14 »	12 50	» 13
	Plus de 6.000 mètres		Mêmes droits que les fils de lin ou de chanvre, selon la classe.			
	Blanchis ou *teints*, mesurant au kilogr. :					
	Moins de 1.400 mètres		7 »	9 »	8 75	» 09
	De 1.400 m. à 3.700 m. exclusivement	101 09	9 »	12 »	11 »	» 11
	De 3.700 — à 4.200 —	et	10 »	14 »	12 50	» 13
	De 4.200 — à 6.000 —	(a) 99 84	14 »	18 »	17 50	» 18
	Plus de 6.000 mètres		Même régime que les fils de lin ou de chanvre.			
	Fils mélangés, le jute dominant en poids	Régime de la partie plus fortement imposée (b)	Mêmes droits que les fils de jute pur.			
339	*Fils de phormium tenax, d'abaca et d'autres végétaux filamenteux non dénommés*, purs ou mélangés, le phormium, l'abaca, etc., dominant en poids	Régime des fils de jute.	5 0/0 de la valeur.	Mêmes droits que les fils de jute.		

Nos du répertoire.	FABRICATIONS	TARIF GÉNÉRAL actuel.	TARIF CONVENTION-NEL.	PROJET de la Commission de la CHAMBRE.	PROJET voté par la CHAMBRE.	PROJET de la Commission du SÉNAT.
	Ouvrages de sparterie, de vannerie et de corderie (*Suite*.)					
	(M. DUPUY DE LÔME, *rapporteur*.)					
538	Cordages et ficelles de sparte, de tilleul et de jonc	6 24 et 2 50	· (a)	(b) 3 »	3 75	3 75
	autres mesurant par kilog. de fil simple. 500 m. et au-dessous				18 50	18 50
	de 501 m. à 2.000				22 »	25 »
	de 2.000 m. à 5.000	31 20	15 »	(c)	22 »	30 »
	plus de 5.000 m.		»		Droit du fil retors suivant l'espèce du filament et l'état du fil.	
539	Filets de pêche en coton	Prohibés.	20 »	70 »	70 »	70 »
	autres	31 20	20 »	20 »	20 »	20 »

TABLEAU C

Nos du répertoire.	FABRICATIONS	TARIF GÉNÉRAL actuel.	TARIF CONVENTION-NEL.	PROJET de la Commission de la CHAMBRE.	PROJET voté par la CHAMBRE.	PROJET de la Commission du SÉNAT.
	Surtaxes applicables aux produits d'origine extra-européenne importés d'un pays d'Europe.					
	(M. ANCEL, *rapporteur*.)					
614	Jute, aloès, phormium tenax, abaca, fibres de coco et autres végétaux filamenteux, sauf le coton, bruts, teillés, tordus ou en torsades, peignés ou en étoupes, propres à la sparterie	6 24 et 3 12	3 12 et Ex.	» 6 3 60 et Ex.	Ex.	Ex.

LE CHANVRE

SÉNAT

Séance du vendredi 4 mars 1881

SOMMAIRE :

Procès-verbal.

Suite de la discussion sur le projet de loi, adopté par la Chambre des députés, relatif à l'établissement du tarif général des douanes. = Nº 132. — Amendement de M. Fresneau : M. Fresneau. — Rejet de la prise en considération. = Amendement de M. de Carné : MM. de Carné, Feray, Tirard, ministre de l'agriculture et du commerce, Paris, rapporteur, Dupuy de Lôme, Pouyer-Quertier, rapporteur général. — Retrait de l'amendement par son auteur. — Rejet de la rédaction proposée par la commission. — Adoption du chiffre proposé par le Gouvernement.

PRÉSIDENCE DE M. LÉON SAY.

La séance est ouverte à deux heures cinq minutes.

M. LENOEL, *l'un des secrétaires,* donne lecture du procès-verbal de la précédente séance.

Le procès-verbal est adopté.

Suite de la discussion sur le projet de loi relatif à l'établissement du tarif général des douanes.

M. LE PRÉSIDENT. — L'ordre du jour appelle la suite de la discussion sur le projet de loi adopté par la Chambre des députés, relatif à l'établissement du tarif général des douanes.

Nous en étions restés au nº 132, sur lequel il y avait deux amendements, l'un de M. Fresneau, soumis à la prise en considération, l'autre de M. de Carné et de M. le général Robert, qui a été distribué avant le commencement de la discussion et qui sera discuté au fond.

Le nº 132 est ainsi conçu :

« Lin et chanvre bruts, teillés, peignés ou en étoupes, exempts. »

MM. de Carné et le général Robert demandent la division.

Le n° 132 serait divisé en :

N° 132. — Lin et chanvre bruts en tige, ou teillés, exempts ;

Et n° 132 *bis.* — Lin et chanvre peignés, 10 fr. par 100 kilog.

M. Fresneau accepte la division, mais au lieu d'exempter les lins ou chanvres en tiges ou teillés, il demande un droit de 2 fr. 50 sur les lins en tige et de 10 fr. sur les lins teillés.

C'est donc l'amendement de M. Fresneau qui doit venir le premier en discussion, comme s'écartant le plus de la rédaction de la commission.

M. Fresneau. — Messieurs, le Sénat est à peu près dans l'état où se trouvent de plus en plus nos campagnes. Je demanderais que les bancs se remplissent un peu avant de commencer une discussion comme celle-ci.

M. le Président. — Messieurs les huissiers, veuillez prévenir dans les couloirs.

(La séance reste suspendue de fait pendant quelques minutes.)

M. le Président. — M. Fresneau, vous avez la parole.

M. Fresneau. — Messieurs, je ne multiplie pas les amendements au delà du nécessaire. Lorsque la commission s'est prononcée sur un principe ou ce qu'elle a pris pour un principe, et qu'elle est parvenue à faire ratifier ce principe, tel quel, vrai ou faux, par le Sénat, je n'insiste pas ; je ne suis pas un obstructionniste. (Très bien ! à gauche.)

Lorsqu'on a eu décidé que, par cela seul qu'un droit de 3 francs avait été mis sur les moutons, la laine devrait être exempte, je me suis tu. Il en a été de même pour les peaux, les cuirs, les suifs, les graisses. Je n'ai pas présenté d'amendements sur tous ces articles, parce que la commission était parvenue à faire comprendre au Sénat que moyennant un droit de quelques francs sur l'animal vivant, nous allions voir se reconstituer le chep-

tel indispensable à la résurrection de l'agriculture française.

Je n'ai donc pas a insister sur tous ces points.

Mais, Messieurs, lorsque, au milieu du silence des
ateliers agricoles désorganisés et privés de représentation au même degré que les ateliers industriels, un principe faux, inique a été appliqué aveuglément par des
gouvernements affranchis de tout contrôle efficace, on
peut être certain que ce système aboutira à quelque
énormité du genre de celle que je vais vous définir, et
alors je me vois forcé d'apporter un amendement aujour-
d'hui afin d'assurer pour demain le succès de la justice.

Messieurs, l'amalgame le plus incompréhensible qui
ait jamais été fait de la protection et du libre-échange a
été appliqué dans des conditions inouïes au lin et au
chanvre.

L'industrie du lin et du chanvre comprend quatre
branches : la culture, le teillage, la filature et le tissage.
Eh bien ! des gouvernements, maîtres de faire tout ce
qu'ils voulaient sans contradiction sérieuse, ont imaginé
d'affranchir complètement de toute espèce de droits le lin
en tige, le lin teillé, tandis qu'une protection considérable, d'abord de 20 p. 100 et puis de 12 et de 15 p. 100,
était réservé aux deux autres industries, la filature et le
tissage. Pourquoi ? Je n'en sais rien. Le régime du bon
plaisir n'est pas tenu de rendre compte de ce qu'il fait
dans sa souveraine puissance et sa certaine science.

La culture sans protection, le teillage sans protection ;
la filature au contraire et le tissage favorisés de 12 et de
15, et dernièrement de 20 p. 100... Pourquoi cette différence ?

Encore une fois, il m'est impossible de vous en donner
un motif justifiable. Ce motif, je l'attends, vous l'atten-
drez, et je crois que nous l'attendrons longtemps ensemble.

Voici cependant quels ont été les effets immédiats, fou-
droyants, de cette fantaisie gouvernementale, agissant
en dehors de toute espèce de contrepoids réel et de con-

trôle efficace. Ces effets ont été l'anéantissement de l'industrie la plus solide, la plus féconde, la plus nationale, la plus populaire qui reposât sur l'agriculture en France.

Je dis la plus nationale, la plus populaire, Messieurs, et j'ai raison.

Il s'est passé dans l'enquête ouverte par la Chambre des députés un fait vraiment curieux : Les fabricants de papier ont demandé l'établissement d'un droit élevé sur l'exportation des chiffons français ; et savez-vous pourquoi ? Parce que les chiffons français sont sans pareils dans le monde, pour la fabrication des papiers les plus chers, les plus recherchés ; et savez vous l'explication de ce fait singulier ? C'est que dans les plus humbles chaumières, dans les moindres villages de France, on trouve des chiffons de pure toile, soit de lin, soit de chanvre ; c'est en quelque sorte le luxe de notre démocratie agricole ; on fabrique ces toiles, ces tissus *con amore*, comme disent les Italiens, et, en ajoutant à la production industrielle ces confections pour ainsi dire domestiques, on parvient ou du moins on parvenait à créer... savez-vous quoi, Messieurs ? 550 millions de valeur ; oui — autrefois, non aujourd'hui, — 550 millions de valeur, à savoir 30 millions provenant de la fileterie, 150 millions de la filature et 350 millions du tissage, de la fabrication des toiles et des tissus. Voilà certes une industrie qui vaut la peine qu'on y regarde.

Eh bien, elle a été sacrifiée sans même l'ombre d'un des prétextes dont on s'est au moins donné la peine de voiler l'immolation des autres industries. Est-ce qu'il s'agit ici d'une substance alimentaire ? Non : le lin et le chanvre ne se mangent pas. Est-ce que ce sont des matières premières ? Messieurs, depuis trois semaines que cette discussion dure, on n'ose déjà plus prononcer ces mots, ni à la tribune, ni même dans les journaux ; on n'ose plus dire à une industrie : Vous produisez des matières premières : donc vous devez être tuée pour engraisser les autres. A plus forte raison ne peut-on adresser ce raisonnement étrange à celle dont il s'agit en ce moment, puisque le chanvre teillé dont je m'occupe laisse deux fois et presque trois fois plus de salaires dans les mains des ouvriers que la filature, le tissage et la corderie réunies. Osons regarder les chiffres : 36 millions sont distribués en salaires par les filateurs, les cordiers, les tisseurs ; et au bas mot, 110 millions de salaires étaient autrefois répandus dans les campagnes, tant pour la culture du chanvre et du lin que pour le rouissage et le teillage.

C'est là, Messieurs, la plus extravagante iniquité que l'esprit de système ait fait adopter dans un pays où l'on ne pense plus assez, parce que, grâce à la désorganisation des ateliers et à l'absence pour eux de toute représentation spéciale, un ministre tout puissant, entouré de conseils qu'il nomme, fait le jour ou la nuit, et décrète que ce qui est carré sera rond, selon les caprices de son esprit et les fantaisies de son libre arbitre.

Voilà les faits : ils m'autorisent à demander au Sénat, qui représente à la fois les villes et les campagnes, — et c'est surtout au nom des villes que je parle ici, — d'examiner sans parti pris la requête dont je suis ici l'interprète au nom de la société agricole, et à la fois industrielle, d'Angers, au nom du comité linier du littoral du Nord et au nom du comice agricole du même département. Ces deux intérêts, l'intérêt agricole, l'intérêt manufacturier, sont connexes ; je ne les divise pas, et ils n'acceptent pas de division ; c'est donc au nom des ouvriers qui travaillent dans les manufactures comme au nom des ouvriers qui travaillent dans les champs que je viens vous exposer qu'au lieu de 117,000 hectares que nous avions en lin, il y a dix-huit ans, il ne nous en reste plus que 70,000, et qu'au lieu de 168,000 hectares que nous avions en chanvre il ne nous en reste plus que 80,000. Voyez-vous le désastre ?

La production est tombée de plus de moitié, et que serait-ce si j'ajoutais à une aussi grande perte les conséquences agricoles qu'elle a eues, — et en particulier la suppression des récoltes de céréales qui venaient admirablement après la culture du lin et du chanvre, et que vous avez ainsi perdues ! — mais je ne veux pas mêler des questions distinctes. Celle qui nous occupe est par elle-même assez grave, et je me borne à établir seulement que les souffrances de ces industries du lin et du chanvre dérivent directement des tarifs que je combats et dont vous allez voir les conséquences.

La main-d'œuvre en Belgique est à peu près d'un quart moins chère qu'en France. Il résulte également de l'enquête faite sur l'industrie des soies qu'en Italie la Lombardie se trouve dans les mêmes conditions.

Ces pays n'ont pas à supporter les deux milliards de contributions indirectes, d'octrois et d'enregistrement qui pèsent sur nous, et, par conséquent, en Italie d'une part, en Belgique de l'autre, le lin et le chanvre de nos voisins, sans parler du lin et du chanvre russes, ont envahi nos frontières par tous les côtés, et sont venus chasser de nos champs la culture de ces deux textiles.

Aujourd'hui, sur 97,000 tonnes de lin dont nous avons besoin, 80,000 viennent de l'étranger. Il ne reste plus que 17,000 tonnes produites par la culture française. Tout le reste est demandé aux autres peuples. La conséquence, j'ai eu l'honneur de vous l'exposer dans la discussion générale, c'est que le marché, tant intérieur qu'extérieur, ce marché de 550 millions d'échanges, s'est trouvé désorganisé et bouleversé dans les proportions déplorables que je n'ai plus qu'à vous rappeler.

Il y a vingt ans, nous importions pour 20 millions de chanvre et de lin, et nous en exportions bruts, en raison de la finesse et de la supériorité de nos lins, pour une valeur de 2 millions. Il nous restait donc une importation totale de matière première, comme on disait autrefois, de 18 millions, et une exportation en fils et tissus de 16 millions. Ces chiffres d'importation et d'exportation se compensaient, comme vous le voyez, à peu près. A l'heure qu'il est, nous sommes obligés de faire venir pour 87 millions de lin et de chanvre étrangers ; et

quant aux fils et aux tissus, nous en exportons pour
32 millions, il est vrai, mais, comme nous sommes
obligés d'en accepter de l'étranger pour 27 millions, il
ne nous reste que 5 millions de bénéfice, d'excédent des
importations sur les exportations.

En d'autres termes, il y a vingt ans, avant ces grandes
réformes qui devaient rendre la France si riche et si
prospère, nous avions 16 millions d'excédent d'exportation de fils et tissus, et maintenant il ne nous en reste
plus que 5 millions, soit deux tiers de diminution et
plus. Donc, le dernier argument de la commission, celui
qu'elle tire du commerce extérieur, du commerce d'exportation, ne vaut pas mieux que ceux qu'elle tire de
l'intérêt sacré de l'alimentation publique, ou du véné-
rable non-sens contenu dans le mot de matières premières. Si donc vous voulez reculer devant la réforme
que nous réclamons, ce sera une décision difficile à comprendre de votre pleine volonté, mais nullement en
application des principes sur lesquels la commission
s'appuie.

Si, en effet, la filature, le tissage avaient profité de
ces désastres agricoles, je comprendrais qu'on se con-
solât d'une injustice par un progrès. Mais ici vraiment
on dirait que cet expérience de vingt ans a été faite pour
montrer la solidarité de toutes les industries chez un
peuple et prouver que ce qui est inique ne saurait jamais
être profitable.

Les filatures se sont démontées, désorganisées et ont
couru à la frontière pour bénéficier de l'apport des lins
et des chanvres étrangers. Les établissements de l'intérieur sont morts. Nous avions vingt-neuf filatures dans
l'Ouest ; il nous en reste deux ! Les établissements de
Lille ne peuvent même rester dans cette grande ville
manufacturière ; tous les jours ils se transportent dans
le voisinage de la frontière belge.

Pour le chanvre, les manufactures tendent toutes à se
concentrer dans les départements de la Sarthe et de
Maine-et-Loire, parce que là la culture subsiste encore ;

et dans le Puy-de-Dôme, qui produisait tous les ans 23,000 quintaux de chanvre, et qui n'en donne plus que 53, la grande filature de Saint-Martin de Riom, qui faisait la fortune de ce pays, a disparu comme la culture.

La filature, le tissage ont donc participé à cette ruine agricole. Elles en ont reçu le contre-coup, et ce qui démontre que la cause de leur décadence relative est bien là et non ailleurs, c'est que des trois branches de notre industrie linière et chanvrière, la fileterie, le tissage et la filature, ce sont celles qui emploient le plus de main-d'œuvre accumulée qui ont le moins souffert, parce que le défaut de matières premières, l'incertitude et le renchérissement des approvisionnements ont dû s'y faire et s'y sont fait moins sentir.

Le mal a été et est d'autant plus grand que l'industrie se rapproche davantage du sol. Ainsi, un kilogramme de lin teillé, de ce lin que je demande à protéger par un droit, vaut 1 fr. 10 ; quand il est filé, il vaut 2 fr. 50 ; quand il est en toile, il vaut 4 fr. ; quand il est transformé en fil à coudre, il vaut 8 fr.

Eh bien, la fileterie, qui vend ses produits 8 fr., est à peu près à son aise aujourd'hui ; le tissage qui vend ses produits 4 fr., souffre déjà considérablement ; la filature ne sait plus comment résister à la concurrence et les établissements de teillage sont morts. Voilà la gradation. Le désastre qui a lieu en bas se fait moins sentir aux dégrés supérieurs de l'échelle qu'aux degrés inférieurs, et vous avez ainsi la démonstration mathématique que toutes les souffrances de notre industrie de la filature et du tissage viennent de la désorganisation jetée par l'Etat, par la folie d'un décret improvisé en une nuit, dans les conditions d'existence de l'une des branches les plus fécondes et les plus nécessaires de l'agriculture française.

En présence de cette situation, je ne vous demande pas autre chose que ce que vous demandent vos consuls et vos comités liniers.

Voici le passage d'un rapport adressé par le consul d'Angleterre de Belfast à M. le Ministre des Affaires étrangères, dont la présence ne serait pas inutile ici, car son département ne peut rester indifférent aux intérêts commerciaux du pays :

« L'extension de la culture du lin mérite d'autant plus de fixer l'attention que les fabricants d'ici considèrent les frais auxquels les assujettit l'importation de la matière première comme étant la plus grande difficulté de leur industrie ; l'un d'eux, et des plus capables, me disait : — Si nous produisions tous le lin que nous avons besoin, nous pourrions défier toute concurrence. »

Voilà ce que pense votre consul ; c'est la production du lin que vous devez favoriser et étendre, si vous voulez que l'industrie linière soutienne au dehors la concurrence et s'étende.

Le représentant du comité linier à la dernière exposition universelle, M. Leblan, a été plus explicite encore dans la déposition qu'il a faite devant la Chambre ; car il a résumé le fait général dans cette formule : « Partout où la culture disparait, la filature succombe. » Laissons donc de côté à tout jamais cette vieille et sotte rivalité que, dans des vues politiques, on a essayé d'établir entre l'industrie et l'agriculture ; elle est réléguée maintenant dans les ténèbres où végètent les esprits étroits et égoïstes qui s'imaginent que le malheur d'autrui fait leur prospérité. Il n'y a absolument de salut pour la grande industrie des lins et des chanvres, pour les filatures et les tissages, que dans la résurrection de l'agriculture.

Maintenant, comment pouvez-vous la ressusciter ? Je vous ai montré, Messieurs, que dès le lendemain des traités douaniers, les 117,000 hectares de lin avaient commencé à tomber, et étaient tombés, en quinze ans, à 70,000 hectares, et le chanvre, de 168,000 hectares à 80,000. Qu'avez-vous à faire pour les relever ? Je n'hésite pas à répondre : Ce que vous faites en faveur du tissage et des filatures, il faut que vous le fassiez pour l'industrie du teillage et de la culture, il faut rétablir pour leur protection un droit de douane.

Ce droit, je ne demande pas de ne pas le répercuter sur l'industrie de la filature et du tissage, loin de moi cette pensée. Si vous augmentez de 4 à 5 p. 100 ce qu'on appelle les matières premières, vous devez augmenter dans la même proportion les droits sur les fils et les tissus. Il y a mieux. Rien n'empêche que, pour faciliter la transition, vous vous serviez de ce drawback dont on a beaucoup médit, qu'on a déclaré impossible, et qui est pratiqué à l'heure actuelle dans la plus grande partie de l'Europe.

Avec moins de sagacité que de coutume, votre honorable rapporteur pour les matières végétales, M. Paris, a dit : « Les commerçants ont été d'accord pour repousser le drawback. »

Ils aimaient mieux ne supporter aucune gêne et préféraient recevoir toute chose en franchise. Je le conçois, Messieurs. Toutes les fois que vous demanderez à des gens : Voulez-vous telle charge ou telle autre, ils diront toujours : l'autre, celle qu'on ne leur donne pas ; et quand on leur proposera l'autre, ils en préféreront une troisième.

M. Paris. — Ils aiment mieux 2 p. 100 comme impôt que le drawback avec 10 p. 100.

M. Fresneau. — Ils ont préféré 2 p. 100 qu'on ne leur a point donnés et qu'ils savaient qu'on ne parviendrait point à leur donner. Lorsque l'on voit le calice approcher de ses lèvres, on dit : Eloignez-le. C'est autant de gagné. Toutes les charges, toutes les gênes fiscales ont été repoussées avec la même candeur.

La Commission est allée bien plus loin et a fait entendre que le drawback était impossible. Je ne suis partisan, Messieurs, ni des admissions temporaires ni des drawbacks à perpétuité, ce sont de tristes expédients ; mais nos voisins s'en servent ou s'en sont servi, et je ne vois pas dès lors pourquoi, nous ne nous en servirions pas comme eux momentanément ?

Je me défie beaucoup de cette impossibilité prétendue
où serait la douane de distinguer les étoffes et d'établir
avec un peu de peine les bases du droit. Voici, à ce sujet,
un fait qui prouve à quel point il faut se tenir en garde
contre ces routines administratives.

Les services publics qui réclament — non sans cause
— contre l'insuffisance des traitements, tendent toujours
à diminuer le travail et la peine. C'est un peu dans la
nature, les administrations voudraient simplifier au
point d'écarter tout ce qui est gênant. Un honorable
ministre que nous avons presque tous connu, M. Deseilligny, en 1876...

M. Magnin, *ministre des Finances*. — Il est mort en
1875.

M. Fresneau. — Eh bien ! en 1874 ou en 1873, si vous
voulez, peu importe, M. Deseilligny se rendit pour une
enquête à Saint-Chamond ; cette visite date certainement
d'avant sa mort — et voici ce qu'un membre de la
Chambre de commerce de cette ville, et, en même temps,
membre du conseil supérieur, a raconté à ce sujet devant
le conseil supérieur, dont je suis attentivement les débats. Je cite une véritable déposition officielle extraite
des procès-verbaux et qui est ainsi conçue :

« M. Deseilligny s'étonna de ne voir que des caisses de
lacet de soie tandis qu'il n'en apercevait aucune de lacets
de laine et de coton destinés à l'exportation. Il demanda
l'explication de ce fait. J'avoue qu'en conduisant M. Deseilligny à la manufacture je comptais bien qu'il me
poserait cette question : « Quel obstacle vous empêche
d'exporter des lacets de laine et de coton ? — Les droits
de 10 et 12 p. 100 sur les fils. — Sans doute, mais n'avez-
vous pas l'admission temporaire en franchise ? — Il y a
dix ans que nous réclamons, répondis-je, mais nos pétitions n'ont jamais abouti. Vainement nous avons demandé qu'on nous permît l'admission temporaire. Cons-
tamment on nous l'a refusée. » M. Deseilligny vit la
chose de près. Il constata la possibilité de reconnaître les
numéros des fils, et l'admission temporaire nous fut

accordée. Je n'avais eu qu'à faire voir au Ministre ce que je montrais tout à l'heure au conseil supérieur. Je demande à M. le Directeur général des douanes si depuis lors il y a eu la moindre difficulté, la moindre fraude de la part des fabricants de lacets de Saint-Chamond. Voilà trois ans que l'admission temporaire est en usage à Saint-Chamond au grand bénéfice de ses fabriques... »

Je ne ferai pas remarquer ce qu'il y a de bizarre dans un grand pays comme la France, à voir un Ministre autoriser à Saint-Chamond ce qui est interdit à Amiens ou ailleurs. Ce n'est pas de cela qu'il s'agit ici. Mais quand vous voyez une impossibilité supposée détruite à l'instant même par un Ministre, dans une simple promenade qu'il a faite au milieu des intéressés, je dis : Défiez-vous de l'impraticabilité prétendue de la mesure. Je crois que le drawback qui sert en Autriche à exporter 350 millions de kilogrammes de sucre par an avec une prime déguisée; je crois que le drawback, si fort utilisé en Angleterre et dont nous nous sommes servis longtemps en France, peut, au besoin, être appliqué.

M. TIRARD, *ministre de l'agriculture et du commerce.* — Mais il n'y a pas de drawback en Angleterre !

M. FRESNEAU. — Il y en a eu autrefois. Je ne confonds jamais, Monsieur le Ministre, les principes actuels de l'Angleterre, alors qu'elle est maîtresse complètement, avec les principes dont elle s'est servie pour créer sa puissance.

Ce que je cherche à appliquer à mon pays, ce sont les moyens qu'elle a employés pour acquérir son rang. C'est pourquoi je me sers de l'exemple de l'Angleterre, mais de l'Angleterre avant son état présent.

Ainsi un régime de transition, un droit sur les chanvres teillés et en tige, la répercussion de ce droit sur les fils et sur les tissus; au besoin, l'admission temporaire ou le drawback, dans la mesure du possible, et momentanément, tel est l'ensemble des mesures que je réclame de la vigilance du Sénat et de la justice.

Nous nous sommes passés et nous nous sommes servis

de ce moyen du drawback ; nous pourrions encore nous en servir et nous en passer ensuite quand nous serons sortis de la crise dont je viens de vous signaler l'étendue et les périls ; mais pour en sortir il faut faire quelque chose, ce n'est pas en ne faisant rien que vous en sortirez.

Et ne vous y méprenez pas, Messieurs, cette réforme commencée par la base est nécessaire, si nécessaire que le pétition suivante, signée par des ouvriers, par des travailleurs des villes et non des campagnes, a mis le doigt sur l'une des plus puissantes raisons qui militent en faveur de cette protection modérée. Dans cette preuve que j'ai sous les yeux les pétitionnaires exposent que le nombre des heures de travail ne peut plus être augmenté et a plutôt besoin d'être restreint en France, et ils rattachent non sans raison cette question grave à la réforme douanière qu'ils réclament.

En Suisse en effet les ouvriers ont été obligés de signaler au conseil fédéral, en réclamant de lui un tarif protecteur, que la Belgique, pays catholique, mais souvent gouverné par des gens qui ne le sont pas, s'est affranchie des mesures restrictives du travail, établies dans la confédération au profit des ouvriers ; que les Belges peuvent travailler, hommes, femmes, enfants, soixante-douze heures par semaine, si bon leur semble, ce dont, quand ils sont libres-penseurs, ils ne se font pas faute ; et après avoir constaté le bénéfice industriel résultant de ces soixante-douze heures que leur république n'admet point, les ouvriers suisses ont démontré à leur gouvernement la nécessité d'une protection douanière fondée sur ce motif que leurs rivaux belges n'ont pas les lois protectrices du travail des femmes et des enfants.

Nous avons, Dieu merci, nous, Messieurs, des lois protectrices sur le travail des femmes et des enfants ; si nous avons, pour la honte de notre époque, les soixante-douze heures et pas le dimanche, ce n'est pas la faute des sénateurs au milieu desquels j'ai l'honneur de siéger, et je ne désespère pas, tant s'en faut, que le peuple n'obtienne, malgré les lettrés, ce que M. Proudhon d'une part, et nous catholiques de l'autre, nous revendiquons pour lui. Mais si nous voulons avoir cette protection de l'ouvrier, du travailleur, la première chose à faire est de l'établir comme le veulent les Suisses à la frontière, car il nous est impossible de lutter contre la Belgique dans les conditions où elle est ; son agriculture a passé de 32,000 hectares de lin à 57,000 hectares depuis 1856 et la prospérité de ses fabriques a suivi celle de ses cultures. Elle a presque doublé l'étendue de ses champs de lin pendant que les nôtres ont diminué de moitié.

Dans cette position, jamais nous ne reprendrons ce que nous avons perdu si l'État continue à la culture et au teillage, les étranges secours qui ont conduit ces industries au degré de décadence où elles sont tombées. Ce tour de force serait absolument impraticable.

En conséquence, la commission des travailleurs liniers vous demande — je cite textuellement — « d'allouer à chacune des branches composant l'industrie linière une large protection équitablement établie. » De son côté, le comice agricole de Lille, le comité linier du littoral, et j'ajoute la Société agricole et industrielle d'Angers, vous font entendre les mêmes doléances auxquelles je me reprocherais de changer une syllabe :

« Attendu que :

1° Dans une industrie comprenant culture, teillage, filature et tissage, aucune de ces branches ne peut être favorisé au détriment des autres ;

2° Qu'il faut ou le libre-échange ou la protection pour chacune d'elles ;

3° Que la filature et le tissage sont solidaires de la prospérité de l'agriculture ;

Il est indispensable de rétablir un droit, etc.

Je conclus, Messieurs, que la lumière qui ne s'est pas faite dans votre commission est faite dans les campagnes et dans les villes. Ce n'est pas la première fois que j'aurai observé dans ma vie parlementaire qu'on voit à certains moments plus clair dans le pays que dans les assemblées, et plus clair dans les assemblées que dans les commissions. J'ai fait partie de bien des commissions et de commissions chargées de responsabilités bien lourdes, jamais sans être épouvanté du pouvoir qui leur est confié, parce que le déplacement de une, deux, trois voix dans un groupe de quinze à dix-huit personnes, le fait arriver à des conclusions injustifiables, indéfendables, incompréhensibles, conclusions qui sont des espèces de transactions artificielles établies entre les vues particulières des membres de la commission, mais qui, au dehors, vis-à-vis des grands intérêts généraux du pays si éveillés sur ces questions vitales, demeureront absolument inintelligibles.

Je ne vous demande donc pas, comme aux États-Unis, sur les chanvres en tige, 2 fr. 50.

Ces démocrates, plus républicains que nous, meilleurs arithméticiens et meilleurs commerçants que nous, ont établi chez eux un droit de 2 fr. 50 pour les chanvres en tige. Je demande 1 fr. 50.

Pour les lins teillés, ils ont établi un droit de 20 fr., je demande, avec la Société des agriculteurs de France, pour les chanvres et lins teillés, 10 fr., la moitié de ce que les États-Unis, où les subsistances sont pour rien, regardent comme indispensable.

Ce droit qui, pour ces républicains si bien dans leurs affaires aujourd'hui, ne représente qu'un demi droit, je sais que la Chambre des Députés, n'en a pas voulu, mais je supplie le Sénat de considérer qu'à l'heure où nous sommes, la question n'est pas posée devant une Chambre expirante; mais devant les juges auxquels cette Chambre va se représenter.

Qu'elle accepte vos modifications contre lesquelles on a déjà beaucoup crié, ou qu'elle les repousse, peu importe, vous aurez des élections immédiatement après, et c'est par ces élections que les dispositions que vous prenez ici seront où ne seront pas ratifiées.

C'est donc devant le pays qu'est portée, comme toutes

les autres questions agricoles industrielles et financières, cette question de la protection proportionnelle due à l'industrie de la culture et du teillage. La justice, l'égalité, c'est-à-dire ce qui a le plus d'empire sur les états démocratiques, serviront de règle; et ce qui ne sera pas compris aujourd'hui, sera compris demain. Aucune illusion sur ce point n'est possible.

Vous êtes donc appelés à rétablir par avance, Messieurs, sur les points précis que je vous signale, cette égalité, cette justice dont on retardera peut être, mais dont rien n'empêchera le triomphe, et dans ces conditions-là, je ne crains pas d'insister et d'insister encore, certain qu'une question d'arithmétique est plus rapidement entendue que les questions de politique et même de religion qui s'agitent dans cette enceinte, et que la voix publique finira par l'emporter sur la fausse tactique des gouvernements, la routine des savants dans les conceptions chimériques de cabinet, ou les faiblesses des commissions dans leurs improvisations boîteuses.

Je supplie le Sénat de prendre en considération mon amendement; son rejet n'étoufferait point cette grosse question du lin et du chanvre. L'honorable marquis de Carné a déposé un autre amendement qui aura tous les honneurs d'une discussion en règle. La Commission n'a pas voulu de cet amendement. Elle a cependant offert un droit minime et insignifiant, ce qui prouve qu'elle n'est pas très ferme sur ses principes, puisqu'elle a accordé quelque chose ! M. de Carné va donc soutenir sa proposition sur les chanvres peignés, mais vous comprenez que les chanvres peignés ne sauveront pas l'agriculture, si les chanvres et les lins teillés continuent à nous arriver par masses écrasantes.

La question réside donc en réalité dans ma demande d'un droit de 1 fr. 50 sur les chanvres en tige et de 10 fr. sur les lins et les chambres teillés.

J'espère, Messieurs, que par exception, vous ne ferez pas l'accueil ordinaire à cette demande de prise en considération, suivie, quoi qu'on fasse, d'un débat nécessaire.

Il n'échappe à la sagacité d'aucun d'entre vous que si je vous donne tant de fois la peine de lever la main, c'est parce que je démolis avec des raisons à défaut de votes ce qui, selon moi, est l'erreur et l'injustice.

Si vous m'accordez cette prise en considération, M. de Carné développera son amendement sur le peignage en présence de la question intacte et vous aurez une discussion approfondie digne de la gravité du sujet et de son importance. (Approbation à droite.)

M. LE PRÉSIDENT. — Je consulte le Sénat pour la prise en considération de l'amendement de l'honorable M. Fresneau.

(L'amendement n'est pas pris en considération.)

M. LE PRÉSIDENT. — Il y a un amendement présenté par M. le marquis de Carné et M. le général Robert. Cet amendement ajoute un numéro *bis*; par conséquent nous avons à voter sur le n° 132.

En d'autres termes, M. de Carné a demandé la division Sur la première partie, il accepte les conclusions de la Commission, et sur la seconde il propose un droit; je crois donc qu'il est possible de proposer la division sur la première partie.

M. LE MARQUIS DE CARNÉ. — Je demande la parole.

M. LE PRÉSIDENT. — Vous avez la parole.

M. LE MARQUIS DE CARNÉ. — Avant qu'on vote sur le n° 132, je déclare que je ne demande pas la division.

M. LE PRÉSIDENT. — Vous avez dit : « N° 132. Lin chanvre en tiges, teillé ou en étoupes (comme la Commission, exempts) » et vous ajoutez : « N° 132 *bis*. — Lin et chanvre peignés, 10 fr. par 100 kilogrammes. »

Je dois consulter le Sénat pour qu'il n'y ait pas de confusion sur le n° 132.

M. TIRARD, *ministre de l'agriculture et du commerce*. — Le Gouvernement maintient la rédaction telle que la Commission l'a proposée. Par conséquent, le vote qui va avoir lieu ne préjuge pas la disparition du mot « peignés. »

M. PARIS. — Sur les quatre catégories, il y en a trois

qui ne donnent pas lieu à contestation. On pourrait voter, les trois premières en réservant la quatrième.

M. le Président. — Préférez-vous réserver le vote ?

M. le Ministre de l'agriculture et du commerce. — Je ne voudrais pas que le premier vote du Sénat eût pour conséquence de supprimer le mot « peignés ».

M. le Président. — Le n° 132 sera réservé.

Nous passons au n° 132 *bis*, amendement de M. de Carné : « Lin et chanvre peignés, 10 fr. par 100 kilogrammes. »

M. de Carné a la parole,

M. le marquis de Carné. — Messieurs, l'amendement que nous vous proposons a pour but d'établir un droit de 10 fr. par 100 kilogrammes sur les chanvres peignés introduits en France.

Permettez-moi d'abord de vous exprimer la surprise que m'ont causée certaines paroles prononcées à cette tribune, par les partisans du libre-échange, et les critiques adressées aux partisans d'une protection sagement appliquée. D'après ces libres-échangistes, les protectionnistes, les partisans de ce droit d'entrée sagement appliqué, seraient les ennemis du commerce international, les droits d'entrée seraient une barrière absolument infranchissable et devraient arrêter toute importation. Ils nous demandent à quoi serviront les chemins de fer, les canaux, les tunnels ; ils n'ont pas l'air de songer que tant de millions dépensés pour ces travaux, sont le produit de l'impôt, et que s'ils ne doivent avoir pour conséquence que de favoriser la concurrence ruineuse de l'étranger, nous jouons un rôle de dupes. (Très bien ! à droite.)

M. le baron de Lareinty. — C'est parfaitement vrai.

M. le marquis de Carné. — Je ne reviendrai pas, Messieurs, sur les résultats du libre-échange, sur les conséquences des traités de 1860 ; des paroles éloquentes et plus autorisées que la mienne ont traité d'une manière très supérieure la question à la tribune ; je demanderai seulement la permission de donner lecture de la protestation des peigneurs de chanvre qui vous a été adressée à tous. Elle plaidera mieux que je ne saurais le faire une cause vraiment très digne de votre intérêt :

« Messieurs les Sénateurs,

« Les soussignés, patrons et ouvriers peigneurs de chanvre, vous demandent de vouloir bien voter l'inscription d'un droit de 10 fr. par 100 kilogr. dans le tarif des douanes (n° 132), pour protéger le peignage français contre la concurrence du peignage étranger.

« La Chambre des Députés a voté un droit de 25 fr. par 100 kilogrammes, pour protéger la laine peignée. (Voir n° 343 *bis* du tarif.)

« Pourriez-vous refuser de protéger aussi le chanvre peigné ?

« Non, ce n'est pas possible, car les intérêts des peigneurs de chanvre sont aussi respectables que les intérêts des peigneurs de laine. On vous dira peut-être que les peigneurs de laine sont de grands manufacturiers, qui ont dépensé des capitaux considérables dans la construction de leurs usines et l'achat de leur matériel, tandis que les peigneurs de chanvre sont de petits gens, pas riches, et à qui un peigne suffit pour travailler le chanvre.

« En vous disant cela, Messieurs les Sénateurs, on aura dit vrai.

« Les peigneurs de chanvre sont généralement pauvres et ils doivent en grande partie leur pauvreté aux traités de 1860, qui les ont sacrifiés.

« Un village situé aux portes de Paris, Béthisy-Saint-Pierre, qui comptait encore en 1867, 600 ouvriers peigneurs de chanvre, n'en compte plus aujourd'hui que 70, et pareil fait s'est produit dans toute la France.

« Et pendant ce temps-là, les filateurs, que le tarif des douanes protège (insuffisamment peut-être), mais enfin qu'il protège contre la concurrence étrangère, introduisaient le chanvre peigné, sans payer aucuns droits. Sous le prétexte que les matières premières sont le *pain* de

l'industrie, on leur avait accordé déjà l'exemption de
tout droit sur les chanvres bruts et teillés, au grand détriment des cultivateurs et des teilleurs. Mais cela ne
leur suffisait pas, paraît-il; on leur accorda encore l'entrée
en franchise des chanvres peignés.

« Dira-t-on que les chanvres peignés sont aussi une
matière première et que la filature, pour prospérer, a
besoin de les recevoir en franchise ?

« Non, on ne le dira pas, car la filature, qui a oublié
de demander un droit protecteur pour le peigneur de
chanvre, a eu bien soin de protéger le peignage lorsqu'il
est fait dans ses ateliers.

« En effet, cette protection est implicitement comprise
dans le droit afférent au fil, car le travail du filateur
comprend deux opérations principales : le peignage et le
filage.

« Une courte citation nous donnera une idée très
exacte de la part qui revient à chacune de ces deux opérations

« M. Lainé-Laroche, déposant devant le conseil supérieur du commerce, de l'agriculture et de l'industrie en
1860 (t. V. p. 126), parle de la production d'une broche
et il trouve après l'opération de la filature, pour 100 kilogrammes de chanvre :

	Chanvre peigné
« Fil de chanvre long brin . .	43 kilogr.
« Fil d'étoupe	29 —
« Poussière provenant des tra- vaux de moulage et pei- gnage.	20 —
« Poussière provenant de la fila- ture	8 —
Total . . . , .	100 kilogr. »

« Il ressort de cette citation que l'opération du peignage donne plus de poussière que l'opération de la
filature. Puisque M. Lainé-Laroche a parlé, avec raison,
pour obtenir le droit du fil, de la poussière du peignage

et de la filature, on ne trouvera pas mauvais que le peigneur insiste, lui aussi, sur cette poussière, pour réclamer le droit du chanvre peigné. Elle constitue une dépense réelle qui vient s'ajouter aux frais de la main-d'œuvre. Or, nous vous demandons la permission d'insister sur ce point, que la filature donne seulement 8 kil. tandis que le peignage produit 20 kilogrammes de poussière.

« Mais il ressort encore de cette citation un fait bien plus grave, et qui s'impose, Messieurs les Sénateurs, à votre attention.

« Le tarif de 1860, qui protège le filateur, arrive à ce résultat vraiment incroyable que le peignage d'une filature est protégé, tandis que le peignage du peigneur de chanvre ne l'est pas.

« Vous ne nous direz pas, Messieurs les Sénateurs, que les peigneurs ne méritent pas protection, parce qu'ils n'ont pu dépenser de gros capitaux pour bâtir des usines et acheter des machines.

« Tant mieux pour les peigneurs de laine, s'ils peuvent immobiliser de grosses sommes; cela prouve qu'ils les ont : mais ce n'est pas là ce qui donne surtout au citoyen le droit à la protection de l'État.

« Quand il faut payer l'impôt ou servir la patrie, on ne trouve pas que les peigneurs de chanvre soient de trop petites gens.

« Eh bien, Messieurs les Sénateurs, ce sont, à notre avis, ces deux dettes contractées par l'État envers le citoyen qui nous autorisent à dire que la protection est un droit du citoyen et un devoir de l'État.

« Ce n'est ponc pas une faveur que nous venons vous demander, mais c'est un droit que nous venons réclamer.

« Nous avons confiance dans votre impartialité et votre amour de la justice, c'est pourquoi nous espérons que vous ne refuserez pas aux peigneurs de chanvre ce que la Chambre des Députés a si libéralement accordé aux peigneurs de laine, et que vous voudrez bien voter le

droit de 10 fr. par 100 kilogrammes que nous vous demandons. »

Cette pétition se couvre de jour en jour de très nombreuses signatures.

J'en ai déjà ici un très grand nombre que je tiens ici à
la disposition des membres du Sénat et de la Commission
qui voudraient bien les consulter. L'opération du mou-
lage et du peignage du chanvre est celle qui succède au
teillage dans la préparation des chanvres destinés à la
filature et à la corderie. Cette opération, à l'exception de
celle qui a lieu dans les filatures, est faite en France, par
des ouvriers qui, travaillant aux pièces peuvent gagner
de 4 à 5 fr. par jour. Cette industrie compte de nombreux
ouvriers, sacrifiés, comme vous le dit la pétition qui
vous est adressée, par les traités de 1860.

Ces ouvriers sont extrêmement dispersés dans beaucoup de nos départements. Je ne parle pas ici de l'innom-
brable quantité de ces cultivateurs qui, eux aussi, se
font peigneurs de chanvre durant les longs mois d'hiver,
et qui méritent tout notre intérêt. Je ne parle que de
l'ouvrier, de celui qui fait métier de peigner le chanvre
pendant toute l'année, si ce n'est pendant deux ou trois
mois de l'été.

Il est important, Messieurs, d'encourager cette industrie, qui peut vivre et se développer à côté des filatures
et se transformer en peigneuses mécaniques. Il ne peut
être qu'utile de la protéger, aussi bien au point de vue
de l'industrie qu'au point de vue de la culture.

En Italie, les chanvres qu'on importe en France sont
peignés par des ouvriers qui gagnent 2 fr. à 2 fr. 50 par
jour ! Il y a donc une différence énorme dans le salaire
des deux pays.

J'appellerai votre attention sur cette différence, car il
est important de maintenir le taux des salaires; c'est,
vous le savez, on vous l'a dit à cette tribune, une des
conditions premières du bien-être de l'ouvrier. Au point
de vue de la production de l'étoupe, la filature elle-même
a un intérêt particulier à encourager et à voir se déve-

lopper l'industrie du peignage ; vous n'ignorez pas, en effet, que, de plus en plus, l'étoupe devient chose rare. On a vu des filateurs en demander comme un service ; on a vu d'autres filateurs obligés de cesser la vente de leur fil d'étoupe, leur production étant engagée pour plus de trois mois.

Permettez-moi de mettre sous vos yeux le produit de quatre millions de kilogrammes de chanvre teillé ; il peut se décomposer ainsi : chanvre peigné, 2 millions de kilogrammes ; étoupe, 1,500,000 kilogrammes ; poussière ou pure perte, 500,000 kilog.

Vous voyez que la pure perte entre pour un chiffre considérable dans l'opération de la transformation, le tout représentant un salaire de 700,000 fr.

Comme on vous le dit dans la pétition dont j'ai eu l'honneur de vous donner lecture, le filateur est protégé pour son peignage et même pour sa pure perte ; pourquoi le peigneur de chanvre ne le serait-il pas quand il a, en face de lui, cette concurrence ruineuse des chanvres peignés qui sont importés d'Italie, des chanvres qui sont peignés à Naples et à Bologne par des ouvriers dont le salaire est beaucoup moins élevé ? Cette différence dans la main-d'œuvre permet de faire travailler les chanvres à un prix très inférieur à celui des chanvres peignés français.

Les chanvres peignés d'Italie se vendent dans la Dordogne 10 et 15 p. 100 meilleur marché que les chanvres français ; les chanvres peignés d'Allemagne, se vendent aussi dans les Ardennes 10 p. 100 meilleur marché que les nôtres.

S'il est une question intéressant directement l'ouvrier, c'est bien celle que je traite en ce moment. L'ouvrier français, dont je m'occupe, exerce son industrie pendant les longs mois d'hiver où l'ouvrage est si difficile à trouver ; le taux de son salaire est suffisamment rémunérateur. Si vous ne protégez pas son industrie contre la concurrence étrangère, avec laquelle il ne peut plus lutter, qu'arrivera-t-il ? Vous le verrez, comme déjà tant d'ouvriers d'autres métiers, envahir l'hiver les places publiques et concourir à former le noyau de ces ateliers nationaux que l'on se voit dans la nécessité d'organiser pour empêcher tous ces ouvriers sans occupation de mourir de faim, ateliers dans lesquels ils ne touchent qu'un salaire complètement insuffisant. Si vous ne protégez pas le chanvre peigné, vous enlevez au cultivateur, déjà si peu favorisé, une source de revenus qu'il se crée, en réservant chaque année une partie de sa récolte, qu'il teille et peigne pendant les mois d'hiver où il se trouve inoccupé.

Je vous ai dit quelques mots de l'importation allemande et de l'exportation italienne : l'Angleterre, qui, il faut le remarquer, ne produit pas de chanvre, a trouvé moyen, en 1879, d'importer en France 175,509 kilogr. de chanvre peigné. Pourquoi enfin les chanvres peignés ne seraient-ils pas protégés par un droit d'entrée aussi bien que la laine peignée et le coton en feuilles, ou ouate? Je crois vous avoir suffisamment démontré la nécessité de la protection du chanvre peigné. Je suis, du reste, heureux d'avoir appris de M. le Président de la Commission des douanes que la Commission, revenant sur sa première décision, avait reconnu elle-même la nécessité de la protection en vous proposant sur les chanvres peignés un droit d'entrée de 3 fr.

Il me reste à vous démontrer que ce chiffre de 3 fr. est absolument insuffisant et que le chiffre de 10 fr. n'a rien d'exagéré.

Quels sont les éléments sur lesquels on doit se baser pour déterminer le *quantum* d'un droit d'entrée?

C'est, d'abord, le rapport du chiffre du droit d'entrée avec celui du prix de la main-d'œuvre; c'est ensuite le rapport du même chiffre avec celui de la plus-value donnée aux produits manufacturés; c'est, enfin, le rapport du chiffre du droit d'entrée avec celui de la valeur intrinsèque du produit.

Si je consulte le tableau de la Commission des valeurs

de 1879, j'y trouve que le chanvre teillé vaut 84 fr. les 100 kilog., et que le chanvre peigné vaut 135 fr. les 100 kilog. en consommation.

M. Paris, *rapporteur*. — C'est une erreur, je crois; l'écart est loin d'être aussi considérable.

M. LE MARQUIS DE Carné. — J'affirme l'authenticité des chiffres que je vous apporte. Le chanvre teillé est estimé sur le tableau de la Commission des valeurs de 1879, 84 fr. les 100 kilog.; le chanvre peigné est estimé sur le même tableau 135 fr. en consommation et 155 fr. en transit. Il y a là une chose à remarquer, c'est l'écart de 20 fr. entre le prix du chanvre peigné en consommation et le prix du chanvre peigné en transit, écart que rien ne justifie, car, au contraire, le lin en consommation est porté sur le même tableau des valeurs comme plus cher que le lin en transit; et le jute en consommation et en transit est porté au même prix.

Par conséquent, pour me rendre un compte bien exact de la valeur moyenne des chanvres peignés, j'ai été obligé de consulter différents tarifs commerciaux. Il en ressort que le prix moyen du chanvre peigné est de 150 fr., et je ne crois pas être au-dessous de la vérité en vous donnant ce chiffre. Eh bien, en se reportant au premier élément dont je vous parlais tout à l'heure, ce rapport du droit d'entrée avec le chiffre de la main-d'œuvre, je vois qu'entre 84 fr., prix du chanvre teillé, et 150 fr., prix moyen du chanvre peigné, la différence est de 66 fr., dans lesquels la main-d'œuvre entre pour 35 fr. et la poussière ou pure perte pour 31 fr.

Vous voyez que la valeur du droit d'entrée de 10 fr., eu égard à celle de la main-d'œuvre, représente moins de 30 p. 100, chiffre généralement admis pour la protection de la main-d'œuvre en France. Le deuxième élément sur lequel on doit se baser, c'est le rapport qui existe entre la matière brute et la matière transformée; ce chiffre est de 66 fr. Or, sur ces 66 fr., le droit de 10 fr. que nous proposons représente à peine un sixième.

J'arrive au troisième élément d'appréciation, la valeur intrinsèque du produit, et pour ne pas être taxé d'exagération, je reviens au chiffre relativement trop bas du tableau d'estimation de la commission des valeurs, 135 fr. Or, vous savez, Messieurs, que le chiffre de 10 fr. par 100 kilogrammes équivaut à 7 1[2 p. 100, tandis que la plus grande partie des produits manufacturés jouissent d'un droit protecteur d'au moins 10 p. 100.

Je crois donc ne pas être dans l'exagération en vous demandant de voter le chiffre de 10 fr. de droit d'entrée par 100 kilog. de chanvres peignés introduits en France. Je ne vois d'ailleurs, à l'adoption de ce chiffre, aucune espèce d'inconvénient. On ne peut alléguer qu'il s'agit ici de matières premières, ni de matières destinées à l'alimentation ; par conséquent, j'espère que le Sénat voudra bien adopter ce chiffre représentant une protection normale.

Je termine, Messieurs, en appelant toute votre attention sur une phrase qui m'a frappé dans la pétition que j'ai eu l'honneur de vous lire tout à l'heure.

Vous y avez remarqué que la pétition se termine en ces termes :

« La protection est un droit du citoyen et un devoir de l'État. »

Oui, Messieurs, la protection est un droit du citoyen et un devoir de l'État. Elle est le droit du citoyen, car le citoyen paie l'impôt, il sert sa patrie ; elle est le devoir de l'État qui lui doit protection sous des formes diverses : par son armée contre l'invasion des armées ennemies, par sa magistrature contre les exactions auxquelles il est en butte, et enfin, Messieurs, pour le cas qui nous occupe, par sa douane contre l'invasion des produits étrangers qui n'ont rien payé des impôts nationaux. (Très bien ! très bien ! à droite.)

M. LE PRÉSIDENT. — La parole est à M. le Président de la Commission.

M. FERAY, *président de la Commission*. — Messieurs, l'honorable orateur qui descend de cette tribune, a demandé de frapper les chanvres peignés étrangers à leur entrée en France d'un droit de 10 fr. par 100 kilog. Votre Commission, après avoir examiné attentivement la question et avoir entendu l'honorable M. de Carné, a pensé qu'il y avait lieu de mettre un droit de 3 fr. au lieu de maintenir l'exemption, dont jouissaient jusqu'à présent les chanvres peignés étrangers lorsqu'ils se présentaient à notre frontière.

Messieurs, la filature mécanique de chanvre n'est pas intéressée dans la question, attendu que chaque filateur de chanvre peigne lui-même le chanvre qu'il emploie. Les peigneurs de chanvre ont diminué beaucoup en nombre ; c'est un fait qui provient de la transformation de l'industrie.

Autrefois, les peigneurs de chanvre travaillaient beaucoup pour les fileuses à la main ; aujourd'hui le nombre des fileuses à la main a considérablement diminué. Les peigneurs de chanvre travaillaient et travaillent encore pour la corderie. Or, vous savez que la corderie se fait aujourd'hui mécaniquement dans de très grandes usines qui emploient une quantité considérable de matière première, et que les cordiers, très souvent, se bornent à acheter les fils simples produits par ces usines et à les doubler ou à les retordre pour en faire la ficelle ou les câbles ; de sorte que la diminution de travail des peigneurs de chanvre est un résultat de la transformation de l'industrie auquel personne, ni le Sénat ni le Gouvernement, ne peut rien.

Malgré cela, l'industrie des peigneurs de chanvre — la Commission est bien loin de le méconnaître — est digne d'attirer votre attention. Mais la Commission ne pense pas que le droit de 10 fr. proposé par l'honorable M. de Carné puisse être adopté. Elle le trouve trop considérable. Elle pense que la main-d'œuvre du peignage est moins élevée que celle dont l'honorable M. de Carné a parlé dans le discours qu'il vient de prononcer, et elle considère que le droit de 3 fr. sera suffisant. Il y a, du reste, une grande distance entre le droit de 3 fr. et celui de 10 fr. proposé par l'honorable M. de Carné. Je le ré-

pète, la question ne touche aujourd'hui que la corderie.
Si vous augmentez outre mesure le droit sur les chanvres peignés étrangers, il est clair que vous nuisez à la
corderie française, qui serait en droit de venir vous demander de reporter sur les produits de sa fabrication le
droit dont vous auriez frappé les chanvres peignés
étrangers, puisque vous aurez renchéri sa matière première.

Quant à la filature, je le répète, elle est désintéressée,
puisque les filateurs peignent eux-mêmes, soit les chanvres, soit les lins qu'ils emploient.

Pour ces motifs, Messieurs, votre Commission vous
propose de maintenir le chiffre de 3 fr. qu'elle vous a
proposé.

M. LE MARQUIS DE CARNÉ. — Je demande la parole.

M. LE PRÉSIDENT. — M. de Carné a la parole.

M. LE MARQUIS DE CARNÉ. — Messieurs, je répondrai en
deux mots à l'honorable président de la Commission des
douanes.

Je commencerai par remercier la Commission d'avoir
bien voulu faire quelque chose en faveur de l'industrie
du peignage des chanvres ; il me semble cependant,
comme le faisait remarquer M. le président de la Commission, qu'il y a une très grande différence entre 3 fr.
et 10 fr.

Si la Commission et le Sénat trouvent que le droit de
10 fr. est trop élevé, ce que je conteste... (Exclamations
à gauche)... peut-être la Commission pourrait-elle proposer un droit supérieur à 3 fr.

Messieurs, je vais seulement répondre aux deux ou
trois objections de M. le président de la Commission.

Son principal argument est que la corderie a un grand
intérêt à ce qu'on n'augmente pas le droit du chanvre.
Or, les pétitions dont j'ai l'honneur de vous parler et qui
m'arrivent encore tous les jours, montrent que presque
toujours, dans chaque localité, les grands cordiers, qui
sont en même temps peigneurs de chanvre, se trouvent
à la tête du mouvement. Par conséquent, s'ils travaillent

contre leurs intérêts, laissez les faire; ils doivent savoir, soyez-en convaincus, que la ligne de conduite qu'ils adoptent ne les conduit pas à la ruine.

Je prie donc le Sénat et la Commission d'élever le chiffre de 3 fr. proposé comme droit d'entrée.

M. LE RAPPORTEUR. — Nous maintenons le chiffre de 3 fr.

M. LE MARQUIS DE CARNÉ. — J'affirme que ce chiffre de 3 fr. ne peut pas venir en aide d'une manière efficace à l'industrie que je défends.

M. FRESNEAU. — Proposez 5 fr.

M. LE MARQUIS DE CARNÉ. — C'est à la Commission de le proposer.

M. PARIS, *rapporteur*. — Le Gouvernement va vous proposer l'exemption, alors que nous proposons 3 fr.

M. LE PRÉSIDENT. — La parole est à M. le Ministre de l'agriculture et du commerce.

M. TIRARD, *ministre de l'agriculture et du commerce*. — Messieurs, je viens vous demander de maintenir l'exemption telle qu'elle a été proposée par le Gouvernement et telle qu'elle a été votée par la Chambre des Députés. (Très bien! à gauche.)

En vous la proposant, je n'innove rien. Je me borne à maintenir un régime qui ne doit pas son existence aux traités de commerce, car il remonte au delà de 1860.

En effet, c'est en 1853 qu'un décret impérial a exempté de tout droit de douane les chanvres et lins bruts teillés et peignés.

L'honorable M. Feray vient de nous dire tout à l'heure que la filature et les grands établissements de corderie étaient absolument désintéressés dans la question. C'est l'exacte vérité. J'ai là une note émanant d'un homme très compétent, et je regrette vivement que l'honorable M. Achille Joubert ne soit pas présent, car il |pourrait apporter son témoignage à l'appui des faits qui sont énoncés dans cette note.

Il en résulte que le droit de 3 fr. est une pure illusion, qu'il ne servira à rien, absolument à rien. Quant au droit de 10 fr., il sera égal, sinon supérieur, au prix du pei-gnage, qui, pour 100 kilog. de filasse de chanvre, repré-sente à peine 9 à 10 fr.

Mais ce droit lui-même ne protégerait pas le peignage à la main contre la concurrence du peignage mécanique, et, à plus forte raison, le droit de 3 fr. n'aurait-il pas d'autre portée que celle d'un témoignage de sympathie en faveur d'une industrie excessivement restreinte.

Ainsi que l'honorable M. Feray vous l'a dit tout à l'heure, les filatures peignent elles-mêmes leur lin et leur chanvre. J'ai rencontré encore quelques femmes dans le Midi qui filent du chanvre à la quenouille ; ce sont elles seules, avec les petits cordiers et tisserands de nos départements méridionaux, qui pourront être gênées par le droit dont vous frapperez les chanvres peignés importés d'Italie. Or, je vous le demande, cela vaut-il vraiment la peine de changer une législation qui dure depuis si longtemps, et qui n'a porté aucune sorte de préjudice à l'industrie ?

En présence d'un pareil résultat, je persiste à penser qu'il n'y a rien de mieux à faire que de maintenir les choses dans l'état où elles sont, puisqu'il est absolument démontré que ce qu'on vous propose de faire ne portera aucun profit à ceux auxquels on veut venir en aide.

Je vous demande donc de voter les propositions du Gouvernement et de maintenir l'exemption.

M. LE MARQUIS DE CARNÉ. — Messieurs, je viens répondre un mot seulement à M. le Ministre au sujet des chiffres que j'ai cités, chiffres officiels, contre lesquels il est impossible de s'élever.

La différence de 66 fr. entre le chanvre teillé et le chanvre peigné se décompose, je l'affirme de la manière la plus certaine, en 35 fr. de main-d'œuvre et 31 fr. de pure perte ou poussière.

Je suis fâché d'insister, mais j'en suis certain, voilà pourquoi je le soutiens. Ce sont des chiffres indiscu-tables.

J'affirme de plus que les peigneurs de chanvre existent, et que ce ne sont pas seulement, comme l'indique M. le Ministre, quelques fileuses à la main dont les intérêts sont en jeu, puisque tous les jours on m'envoie de nombreuses pétitions couvertes de signatures. J'en ai 350 en ce moment, et je dois faire observer au Sénat qu'il y a une grande partie des habitants des contrées où se pratique cette industrie, qui ne savent pas lire ou qui n'ont pas été consultés. Enfin, Messieurs, je demande que le Sénat, s'il ne veut pas faire autre chose, vote au moins le chiffre très inférieur proposé par la Commission.

M. LE PRÉSIDENT. — Monsieur de Carné, vous retirez votre amendement?

M. LE MARQUIS DE CARNÉ. — Je me rallie, en ce moment-ci, au chiffre de la Commission, puisqu'on ne veut pas augmenter le chiffre du droit d'entrée.

M. FRESNEAU. — La demande de scrutin est applicable à l'amendement de M. de Carné, qui se rallie aux propositions de la Commission.

M. LE RAPPORTEUR. — Je demande la parole.

M. LE PRÉSIDENT. — M. le Rapporteur a la parole.

M. LE RAPPORTEUR. — Messieurs, je demande à justifier en quelques mots les propositions de la Commission.

L'honorable M. de Carné reconnaît lui-même qu'il nous a demandé l'établissement d'un droit quelque peu exagéré en proposant 10 fr.

M. LE MARQUIS DE CARNÉ. — Mais non!

M. LE RAPPORTEUR. — D'un autre côté, le Gouvernement lui répond en maintenant l'exemption. Nous avons pensé qu'entre ces deux points extrêmes, 10 fr. et 3 fr. les 100 kilogrammes, il y avait un moyen terme... (Exclamations à gauche) ... oh! nous ne vous engageons pas à voter une sorte de transaction qui n'aurait d'autre objet que de mettre tout le monde d'accord en évitant la discussion.

Le chiffre de 3 fr. que nous vous proposons a été arrêté après un examen sérieux de l'amendement de M. de Carné. Il importe, avant tout, pour connaître la question, de vous indiquer quelle est l'importance des importations du chanvre peigné. Elle s'élève à 2,324,984 kilogr. en 1878 ; à 2,194,310 kilogr. en 1879. Enfin, à 1,691,063 en 1880. Presque tous ces chanvres arrivent d'Italie. Ces chiffres connus, nous rappelons au Sénat que la filature est protégée contre l'introduction des fils venant de l'étranger qui lui font concurrence, et que, dans le tarif des fils,. se trouve comprise une part de protection afférente au peignage.

Est-il juste, dès lors, quand de grands établissements sont ainsi protégés, que les modestes industriels non moins intéressants qui s'occupent de peigner le chanvre à la main, et dont le nombre diminue de jour en jour, ne reçoivent aucune aide de la part des pouvoirs publics dans le tarif général? Nous pensons qu'un traitement égal, en principe, doit être appliqué aux uns et aux autres ; et en tenant compte de la valeur que représente le peignage du lin, laquelle est d'environ 15 fr. les 100 kilog., nous vous demandons de substituer à l'exemption le droit de 3 fr. les 100 kilogrammes. (Très bien ! sur divers bancs.)

M. LE MINISTRE DE L'AGRICULTURE ET DU COMMERCE. — Pour le chanvre ?

M. LE MARQUIS DE CARNÉ. — Non, pour le lin; le chanvre est bien plus cher.

M. LE RAPPORTEUR. — Nous parlons du chanvre : on n'importe pas de lin peigné.

Un sénateur à droite. — Et que fera-t-on pour le lin ?

M. LE RAPPORTEUR. — On me demande ce que l'on fera pour le lin ; mais il n'y a pas d'importation pour ce textile.

M. LE MARQUIS DE CARNÉ. — L'importation est de 1,000 kilogr.

M. LE PRÉSIDENT. — Comment formulez-vous votre proposition, monsieur le Rapporteur?

M. PARIS. — La Commission propose un droit de 3 fr. par 100 kil. sur le chanvre peigné; quant au lin, je le répète, on n'en importe pas.

M. LE MINISTRE DE L'AGRICULTURE ET DU COMMERCE. — Je désire, à titre de renseignement, signaler au Sénat un fait que j'ai négligé de lui faire connaître tout à l'heure : c'est qu'aucun pays ne protège le lin et le chanvre peigné. L'Allemagne avait décidé l'établissement d'un droit, son parlement l'avait voté, il était inscrit dans son tarif ; mais, au moment de l'appliquer, elle y a renoncé. De sorte que, même en Allemagne, où l'on avait admis la nécessité et la possibilité de créer une taxe à l'importation de ces matières, on a reconnu que c'était aller directement à l'encontre des intérêts que l'on voulait protéger. (Assentiment à gauche.)

M. LE MARQUIS DE CARNÉ. — Si l'Allemagne a agi de cette façon, c'est qu'elle y a trouvé son intérêt. Cela ne prouve rien.

M. FERAY, *président de la Commission.* — Je demande à faire une courte observation. Nous avons voulu traiter l'industrie du chanvre, en ce qui touche le peignage, comme nous avions traité l'industrie de la laine ; c'est pour cela que nous vous avons proposé et que nous vous proposons de voter le droit de 3 fr. sur le chanvre peigné. (Approbation sur plusieurs bancs.)

M. DUPUY DE LÔME. — Je demande la parole.

M. LE PRÉSIDENT. — La parole est à M. Dupuy de Lôme.

M. DUPUY DE LÔME. — Messieurs, je ne veux dire que peu de mots : il m'a semblé entendre avancer, à diverses reprises, que l'industrie du peignage de chanvre n'existait plus. Cette industrie existe encore, et elle est destinée à un nouveau développement en raison même des mesures qui ont été prises récemment en faveur de la marine marchande. N'oubliez pas en effet ceci, Messieurs : en 1867, il entrait en France, en fait de cordages de chanvre, de gros cordages, 109 mille kilogrammes ; depuis lors, le chiffre a augmenté. Il en a été introduit 600,000 kilog. l'année dernière. Or, ces 600,000 kilog. de cordages étaient surtout destinés aux constructions navales, et les constructeurs avaient le droit d'importer leurs matières premières en franchise.

Ce droit leur a été enlevé par la loi du 29 janvier dernier. Aussi, dorénavant, nos constructeurs de navires seront-ils conduits à faire fabriquer leurs cordages en France, car ils préféreront la fabrication nationale à l'importation de cordages soumis à des droits importants. Par conséquent, on devra importer du chanvre, soit peigné, soit non peigné et destiné à l'être, ou cultiver plus de chanvre en France pour confectionner des cordages qui ne s'y faisaient pas auparavant.

Il s'ouvre donc un avenir nouveau pour l'industrie du peignage du chanvre ; c'est la fabrication des cordages destinés à la marine. Une autre considération que je dois faire valoir, c'est qu'aujourd'hui encore, bien qu'on ait prétendu que l'industrie du peignage du chanvre à la main n'existait pas et que le peignage mécanique suffisait, on importe des chanvres peignés pour plus de 2 millions de kilogrammes par an. Voilà l'importance de la concurrence que l'on vient faire chez nous aux peigneurs de chanvre.

Je demande que le chiffre de 3 francs, qui est assurément minime, soit maintenu et que cette protection ne soit pas enlevée à une industrie qui vit encore, qu'on représente à tort comme morte, et qui, à raison des mesures législatives qui ont été récemment votées, va avoir, non pas seulement 600,000 kilog. de plus de matière première à transformer en France, mais peut-être plus de 2,400,000 kilog. ; car, à côté des 600,000 kilog. de cordages qui ont été introduits en destination des constructeurs français jouissant de l'importation en franchise de droits, il y avait les navires tout gréés qui entraient également en franchise, et qui venaient dans nos ports avec leurs cordages tout confectionnés. Il entrait ainsi en franchise environ 1,800,000 kilog. de cordages par an.

En vertu de la loi nouvelle accordant des primes à la marine marchande, primes doubles pour les navires construits en France que pour ceux construits à l'étranger, les navires construits à l'étranger ne seront plus introduits chez nous en aussi grand nombre. Je crois donc pouvoir prédire à l'industrie de la corderie et par suite à celle du peignage du chanvre, un avenir prospère, et cela dès l'année prochaine, sinon dès la présente année ; oui, la corderie est assurée selon moi, d'un développement considérable ; or, la corderie aura besoin de chanvre, et certainement le peignage mécanique ne suffira pas seul aux nécessités de l'industrie. Les peigneurs à la main ont donc encore devant eux du temps et du travail ; et si plus tard l'industrie du peignage mécanique doit s'étendre davantage, nous devons au moins ménager et faciliter la transition aux peigneurs à la main, au moyen de ce droit si peu élevé, de ce droit de 3 francs que la Commission nous propose. (Vive approbation à droite.)

M. LE MINISTRE DE L'AGRICULTURE ET DU COMMERCE. — Messieurs, je vous demande la permission de répondre quelques mots à l'honorable M. Dupuy de Lôme ; il vient de nous parler de la situation qui va être faite à la marine marchande : Je m'empare de cet argument. (Très bien ! très bien ! à gauche.)

Comment ! voilà une industrie, celle de la marine marchande, à laquelle vous vous êtes intéressés, à laquelle vous avez accordé des primes ; or, il résulte d'une disposition qui a été insérée dans la loi récemment votée que nous allons voir disparaître certains avantages dont jouissait la marine marchande, et dont bénéficiaient nos constructeurs, au point de vue, non seulement des cordages, mais de tous les produits nécessaires à la construction, et d'une foule d'articles qui se rattachent à cette industrie, tels que les voiles par exemple ; sans parler des filets de pêche, dont nous aurons bientôt à nous occuper ; il résulte, dis-je, de ces dispositions législatives nouvelles, que les constructeurs ne pourront plus se procurer les cordages et les voiles au même prix qu'auparavant, puisqu'ils ne pourront plus les faire entrer avec le bénéfice de l'admission temporaire. (Interruption à droite.)

Eh bien, aujourd'hui, quand les constructeurs vont être forcément et nécessairement obligés de faire manufacturer ces articles en France. qu'allez-vous faire, si vous acceptez ce qu'on vous propose ? Vous allez rendre la situation de la marine marchande plus difficile encore, en frappant d'un droit une matière qui entre dans la fabrication des produits nécessaires à la construction navale ! (Vive approbation à gauche.)

Je crois donc que l'honorable M. Dupuy de Lôme vient de me fournir — et je l'en remercie — un argument de plus en faveur de la proposition du Gouvernement. (Applaudissements sur les mêmes bancs.)

M. Dupuy de Lôme. — Je demande à répondre quelques mots de ma place. (Bruit. — Aux voix !)

La loi sur la marine marchande est destinée à favoriser et à développer non pas seulement la marine marchande qu'elle protège directement, mais les industries qui s'y rattachent. (Très bien ! très bien ! à droite.)

M. Pouyer-Quertier, *rapporteur général*. — Et l'indépendance nationale, et les ouvriers, à qui l'on ne pense pas ! (Aux voix ! aux voix !)

M. le Ministre de l'Agriculture et du Commerce. — J'ai tout autant que vous souci des ouvriers, monsieur Pouyer-Quertier, je vous prie de le croire. (Exclamations à droite. — Très bien ! très bien ! à gauche.)

M. le Rapporteur général. — Je demande la parole. (Non ! Aux voix ! à gauche. — Parlez ! parlez ! à droite.)

M. le Président. — La parole est à M. le Rapporteur général.

M. le Rapporteur général. — Messieurs, M. le Ministre me dit qu'il a, tout autant que moi, souci de l'intérêt de l'ouvrier.

M. le Ministre. — Oui, Monsieur ; on peut avoir, avec des conceptions diverses, le même sentiment et le même but.

M. le Rapporteur général. — Je ne lui en conteste ni le droit, ni le désir. Cependant, quand il a parlé de l'industrie du chanvre teillé et du chanvre peigné, je crois qu'il a oublié ce fait que, dans le centre de la France, dans les montagnes de l'Auvergne, dans les montagnes du Limousin, il y a plus de 200,000 femmes qui ne vivent, à l'heure où je parle, que de cette industrie. (Interruptions à gauche. — Oui ! oui ! à droite.) et qui gagnent de 5 à 6 sous par jour. Voulez-vous leur enlever ce salaire ? C'est leur arracher le pain de la main !

Je demande, comme l'honorable M. Dupuy de Lôme, que, si vous protégez la marine marchande, vous protégiez en même temps les industries qui s'y rattachent et qui assurent, à tous les points de vue, notre indépendance nationale. (Vive approbation à droite.)

M. LE MINISTRE. — Nous n'innovons en rien ; nous ne demandons que le maintien de ce qui existe depuis 1853 ; par conséquent nous ne voulons arracher le pain à personne. (Bruit à droite.)

M. LE PRÉSIDENT. — Je lis la nouvelle rédaction et le nouveau chiffre de la Commission.

« Chanvre peigné, 3 fr. par 100 kilog. »

Il y a une demande de scrutin. Elle est signée de MM. Fresneau, de Lareinty, Ancel, Mayran, de la Monneraye, Soubigou, comte de Flers, Taillefert, Dompierre d'Hornoy, de Carayon-Latour.

(Le scrutin a lieu. MM. les secrétaires opèrent le dépouillement des votes.)

RÉSULTAT DU SCRUTIN

M. LE PRÉSIDENT. — Voici le résultat du scrutin sur la proposition de la Commission :

Nombre des votants	277
Majorité absolue	139
Pour l'adoption	132
Contre	145

Le Sénat n'a pas adopté.

Je mets aux voix la rédaction proposée par le Gouvernement :

« N° 132. — Lin et chanvre bruts, teillés, peignés ou en étoupes, exempts. » — (Adopté.)

« N° 133. — Jute en brins, teillé, tordu ou peigné, exempt. »

M. LE RAPPORTEUR. — J'ai une observation à présenter, M. le Président, au sujet du n° 133, qui concerne le jute en brins, teillé, tordu ou peigné. Le Gouvernement a présenté à la Commission une observation, c'est que le mot tordu, employé dans la rédaction du tarif, pourrait prêter à équivoque. En effet, les fils proprement dits et les cordages ne sont eux-mêmes que des filaments tordus. Afin d'éviter à la douane toute espèce de difficulté, M. le Ministre nous a demandé de limiter l'exemption à ce tordage grossier auquel les expéditeurs ont recours dans le pays d'outre-mer, pour faciliter le transport, et il a proposé, dans ce but, qu'on ajoutât au n° 133 la note suivante :

« Ne seront considérés comme tordus que les filaments n'ayant subi dans les pays hors d'Europe que la torsion nécessaire pour les besoins du transport. »

La Commission est d'accord avec le Gouvernement pour cette modification de rédaction.

M. LE PRÉSIDENT. — Il n'y a pas d'opposition ?

(Le numéro 133 ainsi modifié est adopté.)

« N° 134. — Phormium tenax, abaca et autres filaments végétaux bruts, teillés, tordus, peignés ou en étoupes. Exempts. »

La même modification s'applique également à cet article ?

M. LE RAPPORTEUR. — Oui, Monsieur le Président.

(Le numéro 134 est adopté avec la modification proposée.)

SCRUTIN

Sur le n° 132 bis (Chanvre peigné 3 fr. — Nouvelle rédaction de la Commission) du tableau A annexé au projet de loi, adopté par la Chambre des députés, relatif à l'établissement du tarif général des douanes.

Nombre de votants.............. 252
Majorité absolue................ 127
    Pour l'adoption....... 124
    Contre............... 138
Le Sénat n'a pas adopté.

ONT VOTÉ POUR :

MM. Adnet. Alexandry (baron d'). Ancel. Andigné (général marquis d'). Arnaudeau (général). Audiffret-Pasquier (duc d'). Audren de Kerdrel.

Baragnon (Louis-Numa). Barante (baron de). Bérenger. Bernard. Bertrand. Bocher. Boisse. Bondy (comte de). Bosredon (de). Broglie (duc de). Brun (Lucien). Brunet (Joseph). Buffet.

Caillaux. Carayon-Latour (Joseph de). Carné (marquis de). Cazalas. Chabaud-Latour (général baron de). Chabron (général de). Champagny (vicomte Henri de). Chantemerle (de). Chesnelong. Claude. Clément (Léon). Cordier. Corne. Cornulier (comte de). Cornulier-Lucinière (comte de).

Daguenet. Dauphin. Daussel. Delbreil (Isidore). Delsol. Denis (Gustave). Desbassyns de Richemont (comte). Dieudé-Defly. Dompierre-d'Hornoy (amiral de). Douhet (comte de). Dubrulle. Du Chaffaut (comte). Dufournel. Dumon. Dupuy de Lôme. Duval.

Espinasse. Espivent de la Villeboisnet (général comte).

Faidherbe (général). Feray. Flers (comte de). Forsanz (vicomte de). Fourichon (amiral). Fournier (Casimir). Fournier (Henry (Cher). Fourtou (de). Fresneau.

Galloni d'Istria. Gaudineau. Gaulthier de Rumilly. Gavardie (de). George. Gontaut-Biron (vicomte de). Gouin. Granier (Vaucluse).

Haussonville (comte de).

Jouin.

Kolb-Bernard.

Lacave-Laplagne. Lacomme. Ladmirault (général de). Larcy (baron de). Laréinty (baron de). La Roncière Le Noury (amiral baron de). La Sicotière (de). Lavrignais (de). Le Guay (baron). Le Lièvre. Lestapis (de). Lorgeril (vicomte de).

Martenot. Massiet du Biest. Mayran. Merlin (Charles). Mérode (comte de). Michel. Montjaret de Kerjégu. Monneraye (comte de la). Monnet. Montaignac (amiral marquis de).

Oudet.

Pajot. Parieu (de). Paris. Paulmier. Poriquet. Pouyer-Quertier. Preissac (comte de).

Rainneville (vicomte de). Raismes (de). Ravignan (baron de). Rivière (duc de). Robert (général). Robert-Dehault. Rosamel (de).

Saint-Pierre (vicomte de). Soubigou.

Tailhand. Taillefer. Talhouët (marquis de). Testelin. Théry. Toupet des Vignes. Tréveneuc (comte de). Tréville (comte de). Tribert.

Veauce (baron de). Vétillart. Vieillard-Migeon.

ONT VOTÉ CONTRE :

MM. Adam (Seine-et-Marne). Anglade. Arago (Emmanuel). Arbel.

Barne. Barrot (Ferdinand). Barthélemy Saint-Hilaire. Batbie. Bazille (Gaston). Béraldi. Bertauld. Billot (général). Blanc (Xavier). Boffinton. Bonnet. Bozérian. Brun (Charles).

Callen. Calmon. Camparan. Carnot. Cazot (Jules). Chádois (colonel de). Challemel-Lacour. Chardon. Charton (Edouard). Chaumontel. Chavassieu. Combescure (Clément). Corbon. Cuvinot.

Dauphinot. Delacroix. Delord. Demôle. Denormandie. Desmazes. Duboys-Fresnay (général). Duclerc (E.). Dufay. Dufresne. Dumesnil.

Eymard-Duvernay.

Farre (général). Faye. Fayolle. Ferrouillat. Foubert.
Fourcand. Fournier (Indre-et-Loire). Frébault (général).

Garnier (Joseph). Gayot (Émile). Gazagne. Gilbert-
Boucher. Grandperret. Gresley (général). Grévy (général).
Griffe. Guiffrey (Georges). Guillemaut (général). Guinot.
Guyot-Lavaline.

Halgan (Stéphane). Hébrard. Herold. Honoré. Huguet (A.). Humbert.

Issartier (Henri).

Jauréguiberry (amiral). Jobard.

Krantz.

Labiche (Émile). Laboulaye. Lafayette (Edmond de).
Lafond de Saint-Mür (baron de). Lagache (Célestin).
Laget. Lamorte. Laserve. Laurent-Pichat. Le Bastard.
Le Blond. Lemoinne (John). Lenoël (Emile). Le Royer.
Littré. Luro. Lur-Saluces (comte Henri de).

Magnin. Malens. Mangini. Martin (Henri). Massé.
Masson de Morfontaine. Massot (Paul). Mathey (Alfred).
Mazeau. Meinadier (colonel). Michal-Ladichère. Millaud
(Édouard).

Ninard.

Parent (Savoie). Pelletan (Eugène). Perret. Peyrat.
Piétri. Pin (Elzéar). Pomel. Pons. Pothuau (amiral).

Rampont (comte). Rampont (Yonne). Rémusat (Paul
de). Ribière. Robert de Massy. Robin. Roger-Marvaise.
Ronjat. Roques. Roy de Loulay.

Salneuve. Scheurer-Kestner. Schœlcher. Simon (Jules).

Teisserenc de Bort. Tenaille-Saligny. Thurel. Tolain.

Vallée (Oscar de). Vallier. Varroy. Vast-Vimeux (baron).
Vigarosy. Vissaguet. Vivenot.

N'ONT PAS PRIS PART AU VOTE :

MM. Andlau (général comte d'). Baze. Brémond d'Ars
(général marquis de). Canrobert (maréchal). Chanzy
(général). Cherpin. Cissey (général). Dufaure. Dutilleul
(Jules). Foucher de Careil. Freycinet (de). Grévy (Albert).
Jaurès (amiral). Joubert (Achille). La Jaille (général
vicomte de). Lambert de Sainte-Croix. Lasteyrie (Jules

de). Lucet. Malleville (marquis de). Martel. Palotte. Pélissier (général). Roussel (Théophile). Saisy (Hervé de). Say (Léon). Scherer. Victor Hugo. Voisins-Lavernière (de). Waddington. Wallon.

ABSENTS PAR CONGÉ :

MM. Gailly. Labiche (Jules) (Manche). Lafayette (Oscar de). Roger du Nord (comte). Rozières (de). Saint-Vallier (comte de).

Les chiffres annoncés en séance avaient été de :

Nombre de votants.............. 277
Majorité absolue................ 139
Pour l'adoption....... 132
Contre.............. 145

Mais, après vérification, ces chiffres ont été rétablis conformément à la liste de scrutin ci-dessus.

LA FILATURE ET LA CORDERIE

Séance du mardi 17 mars 1881

SOMMAIRE

Suite de la discussion du projet [de loi, adopté par la Chambre des députés, relatif à l'établissement du tarif général des douanes. = Nº 337. — (Textiles) : MM. Gustave Denis, rapporteur ; Tirard, ministre de l'agriculture et du commerce ; Pouyer-Quertier, rapporteur général : Feray, président de la Commission ; le Président. = Amendement de M. le marquis de Carné : MM. le Rapporteur ; Feray, président de la Commission ; Teisserenc de Bort, Claude, Testelin, le Ministre de l'Agriculture et du Commerce, Pouyer-Quertier, rapporteur général, le Président. — Rejet de l'amendement de M. le marquis de Carné. = Mise aux voix du nº 337 (rédaction de la Commission). — Rejet au scrutin. — Renvoi de la suite de la discussion à demain.

NOTA. — *A notre grand regret, nous ne pouvons reproduire ici les discours de MM. Denis, Tirard et Pouyer-Quertier, prononcés au commencement de la séance du 17 mars. Ces discours occupent vingt-sept colonnes du* Journal officiel.

M. LE PRÉSIDENT. — Sur le nº 337 M. Feray a demandé la parole.

Il s'agit des fils de lin et de chanvre.

M. Feray, *président de la Commission*. — Messieurs, pour que le Sénat prononce en connaissance de cause sur le sort de la filature et du tissage du lin, industries dont la prospérité est intimement liée à celle de notre agriculture, puisque la filature de lin emprunte à notre agriculture la moitié de sa matière première, il est nécessaire que le Sénat connaisse les conditions dans lesquelles s'exerce l'industrie française des lins et des chanvres comparativement à celles des pays étrangers.

L'industrie des lins et des chanvres, de la culture, de la filature, et du tissage de ces filaments offre l'exemple le plus frappant de la manière dont une nation peut être exposée à perdre une industrie qu'elle possédait depuis des siècles, et de la manière dont une nation qui n'avait pas cette industrie peut arriver à la conquérir et à la rendre tellement puissante qu'elle puisse défier toute concurrence étrangère.

La première de ces nations, Messieurs, c'est la France, et la seconde c'est l'Angleterre.

Je demande pardon au Senat si je remonte à une époque un peu reculée ; si les détails dans lesquels je vais entrer forcément n ont pas l'avantage d'intéresser mes collègues, je m'en apercevai bien vite et je n'abuserai pas de leur patience. (Parlez ! parlez !)

Au commencement du xviiie siècle la France avait une industrie linière prospère. Elle cultivait le lin et faisait, comme toutes les autres nations à cette époque, le fil à la main ; elle tissait à la main également et elle avait une exportation de toiles extrêmement considérable, non seulement en Europe mais encore dans les colonies anglaises de l'Amérique du Nord et dans les colonies espagnoles de l'Amérique du Sud.

La culture du lin, la filature et le tissage se faisaient surtout dans la Bretagne, en Normandie, à Alençon, à Lisieux, à Cambrai, dans le Béarn. La France alors et la Belgique fournissaient à l'Angleterre tous les tissus de lin et de chanvre qui lui étaient nécessaires ; l'Angleterre ne cultivait pas un hectare de lin, et ne faisait pas un mètre de toile. Après la bataille de la Boyne, les fabricants de draps anglais, sous Guillaume III, s'adressèrent au Parlement et au Gouvernement pour se plaindre de la concurrence que les draps irlandais faisaient aux produits d'Angleterre et de l'Ecosse. Le Gouvernement et le Parlement anglais chargèrent alors les draps irlandais à leur exportation de droits considérables et, à l'importation en Angleterre, de droits non moins forts.

De cette façon, l'industrie drapière irlandaise succomba rapidement. Il fallait trouver quelque production au moyen de laquelle les Irlandais pussent payer leurs impôts. On reconnut que le sol et le climat de l'Irlande se prêtaient admirablement à la culture du lin, et alors le Gouvernement forma une Commission royale chargée d'encourager la culture, la filature et le tissage du lin, dans ce pays. Cette Commission eut à sa disposition une somme de 500,000 fr. par an. Faites attention, Messieurs, que je parle du commencement du xviiie siècle, et voyez ce que cette somme vaudrait aujourd'hui ! En Ecosse, une Commission analogue fut formée, et eut à sa disposition 375,000 fr. par an. Voilà donc 875,000 fr. que l'Angleterre consacrait à l'encouragement de la culture du lin, de la filature et du tissage.

Elle fut d'ailleurs aidée par les circonstances. La révocation de l'édit de Nantes avait eu lieu vingt ans auparavant, et 700,000 Français avaient été obligés de chercher asile en pays étrangers ; 33,000 arrivèrent en Irlande et en Ecosse, et c'est à eux que l'Angleterre doit en grande partie ses rapides progrès dans la culture du lin et le tissage des toiles.

Les primes qui furent données par ces Commissions ne durèrent pas seulement quelques années. Avec la persistance qui caractérise son génie industriel et commercial, l'Angleterre fit durer ces primes pendant cent vingt ans et Mac-Culloch, dans son dictionnaire *De la richesse des nations*, évalue les primes qui furent payées pendant

ces cent vingt ans à 300 millions. Ces primes ne cessèrent
d'être payées qu'en 1829.

Cet économiste comprend dans ces primes, je me hâte
de le dire, les primes qui étaient données par le Gouvernement à l'exportation des tissus, primes qui s'élevaient
encore, en 1829, à un septième de la valeur, et qui, dans
cette année, ont atteint la somme de 7 millions.

En même temps que ces primes d'exportation étaient
payées aux tissus de lin anglais, l'industrie linière anglaise
était protégée par des droits de douane énormes sur les produits similaires étrangers — je dis énormes, car ils s'élevaient à 40 p. 100 sur les toiles, à 30 p. 100 sur les toiles
à voiles — ces droits étaient encore payés en 1833,
comme on peut le voir dans le tarif des douanes édicté
le 26 août 1833 sous le règne de Guillaume III, pendant
qu'Huskisson était ministre du commerce. Ils subsis-
tèrent jusqu'en 1838 sans changement, furent diminués
alors, et ne disparurent qu'en 1846, lors de la réforme
commerciale de sir Robert Peel.

A la faveur d'un tel système qui est bien suranné aujourd'hui, l'Angleterre développa rapidement sa production de toiles, si bien que dès 1750 elle exportait pour
25 millions de ces tissus de lin dont elle ne faisait pas un
mètre à peu près trente ans auparavant.

Pendant tout le dix-huitième siècle, les droits à l'entrée
en France sur les fils et tissus de lin restèrent à peu près
nuls ; après la Révolution française, en 1810, vous savez
que Napoléon avait, par le décret de Bois-le-Duc, promis
un million à l'inventeur de la filature mécanique du lin,
et vous n'ignorez pas que l'illustre Philippe de Girard
résolut bientôt ce problème. Mais à la fin de la guerre,
dans les premières années de la Restauration, nous étions
peu en état de nous jeter dans de nouvelles industries,
nous avions déjà assez de peine à faire vivre celles qui
existaient sur notre sol, et Philippe de Girard ne trouva
personne, en France, pour exploiter son invention ; il
alla la porter en Autriche, et un de ses contre-maîtres la
porta en Angleterre. Voyons dans quelle position se trou-

vait l'Angleterre. Elle avait essayé la filature mécanique
du lin avant la fin du dix-huitième siècle, et des établissement considérables avaient été déjà formés à Leeds et
à Dundee.

Il est vrai que les machines qui sont aujourd'hui en
usage n'étaient pas employées à cette époque.

Il est vrai aussi que depuis la découverte de Philippe
de Girard, une révolution s'était faite. Mais déjà, avant
la fin du dix-huitième siècle, l'Angleterre filait mécaniquement. En 1820, dix-neuf filatures de lin, employaient
à Leeds 700 chevaux de force, et il y avait des établissement considérables à Dundee. Lorsque la découverte
de Philippe de Girard arriva en Angleterre, elle trouva
des manufacturiers, riches, entreprenants, garantis non
pas par les droits sur les fils, qui auraient été inutiles,
puisque aucune autre nation ne filait encore le lin à la
mécanique, mais par les droits sur les tissus de lin
étrangers.

Alors l'Angleterre exploita hardiment la découverte de
Philippe de Girard, et, en 1830, elle avait déjà 200,000
broches de filatures de lin, établies d'après les procédés
de l'illustre inventeur.

Vous savez qu'à cette époque la législation anglaise
prohibait l'exportation de toutes les machines servant à
préparer, à filer, à tisser, à apprêter le lin, le chanvre,
le coton, la laine, la soie et toutes les matières filamenteuses. Les fils de lins anglais fabriqués avec les nouvelles machines arrivèrent bientôt en France, où ils
entraient avec des droits presque nuls.

Leur importation fit de rapides progrès; elle s'éleva à
11 millions de francs en 1836. En présence du grand
développement que prenait la filature de lin en Angleterre, quelques industriels français eurent l'idée d'aller y
chercher les machines à filer le lin et de les importer en
France. Il fallait avoir recours à la contrebande, risquer
la confiscation des machines, risquer la prison, car j'ai
là les lois anglaises, où sont indiquées tout au long les
peines auxquelles étaient soumis ceux qui étaient sur-

pris à faire la contrebande pour la sortie des machines. Les frais de contrebande doublèrent, pour les industriels français, et au delà, le prix d'achat des machines anglaises. Mais enfin les machines arrivèrent en France. En 1836, il y avait 22,000 broches de filature nouvelles d'après les procédés anglais, je devrais dire d'après les procédés de Girard, mais je suis forcé de dire d'après les procédés anglais, puisque ces machines avaient été faites en Angleterre.

Les industriels français qui montèrent les nouvelles filatures eurent à lutter alors contre l'industrie de la filature anglaise, infiniment plus forte que la leur.

Ne pouvant soutenir la concurrence des filateurs anglais qui écrasaient notre jeune industrie par la baisse des prix, ils s'adressèrent au Gouvernement ; c'est alors que le Gouvernement comprit pour la première fois qu'il y avait lieu de se préoccuper de la situation de nos industries linières, qui courait risque de disparaître, car la ruine du tissage aurait suivi celle de la filature.

L'industrie linière française n'était pas protégée, cela s'explique très bien. Avant la Révolution française il n'y avait pas de filature mécanique, il n'y avait pas de tissage mécanique non plus ; par conséquent, il n'y avait pas besoin — tous les peuples filant à la main, sauf l'Angleterre qui conservait alors ses fils mécaniques pour son propre tissage — de protéger les fils français contre les fils étrangers. Aussi les droits sur les fils ont-ils été d'abord excessivement faibles ; il furent portés en 1836 à 16 fr. par 100 kilogr. pour les fils d'étoupe et à 24 fr. pour les fils de lin, ce qui, pour les numéros moyens, donnait à peine 3 à 4 p. 100 de la valeur.

Les industriels français ne purent, avec ce tarif, soutenir la concurrence des filatures anglaises, beaucoup plus fortes, beaucoup plus habiles, beaucoup plus riches que les leurs, et en 1840 leurs plaintes devinrent de plus en plus vives. Il y avait à ce moment en France à peu près 25,000 broches de filatures. Le Gouvernement français présenta à la Chambre des Députés un projet de loi ayant pour objet d'augmenter les droits sur les fils et les toiles et de les porter à environ 10 p. 100 sur les fils, à 12 p. 100 sur les toiles.

Notre doyen, l'honorable M. Gaulthier de Rumilly, était membre de la Commission de la Chambre. Je suis sûr qu'il ne me démentira pas.

M. Gaulthier de Rumilly. — Non! certainement.

M. Feray, *président de la Commission*. — La Commission de la Chambre qui était alors saisie du projet de loi demanda que les droits fussent portés à 12 p. 100 sur les fils au lieu de 10 p. 100.

M. Gaulthier de Rumilly. — C'est vrai.

M. Feray, *président de la Commission*. — Elle échoua, les droits restèrent à 10 p. 100. Si ces droits avaient été mis dix ans ou plutôt cinq ou six ans auparavant, ils auraient été peut-être suffisants, mais depuis cinq ou six ans, l'Angleterre avait tellement étendu son industrie que les droits ne suffirent pas. L'importation des fils et tissus de lin étrangers, presque tous anglais, croissait chaque jour (elle s'éleva en 1842 à 64 millions); et le Gouvernement de Louis-Philippe, par une ordonnance royale du 26 juin 1842, doubla les droits de 1841 sur les fils et les toiles.

A cette époque le Gouvernement ne pouvait, d'après la constitution, abaisser les droits sur aucun produit étranger, mais il avait la faculté de les relever. L'ordonnance royale qui changea les tarifs et qui fixait à leur application une date extrêmement rapprochée fut mise à exécution.

Savez-vous, Messieurs, quel en fut le résultat? Il fut le même absolument que celui qui s'était produit en Angleterre. L'industrie linière française fut sauvée. En 1842, l'importation diminua. Je pourrais vous citer tous les chiffres par degré ; je vous en fais grâce, mais la diminution fut extrêmement rapide ; elle fut de moitié dès 1844, et elle décrut successivement jusqu'en 1859, où les importations de fils et de toiles ne s'élevaient plus qu'à 14 milions ; dans ces importations il n'y avait plus que

3 millions et demi pour les fils de toute provenance.

Vous voyez à quel résultat on était arrivé. Pensez vous que les filateurs français avaient seuls profité de ces mesures qui avaient sauvé leur industrie ?

Ne le croyez pas, Messieurs, car si l'on compare le prix des fils de lin — en tenant compte des variations du prix de la matière — de 1859 à ceux de 1843 (au moment où intervint l'ordonnance royale qui fut convertie en loi en 1845), on trouve que les prix avaient baissé de 25 p. 100, bien que le prix de la journée de l'ouvrier en France eût augmenté dans des proportions considérables.

Ainsi donc, personne n'avait souffert; au contraire, l'industrie française avait été sauvegardée, le consommateur payait meilleur marché, et l'ouvrier avait vu le prix de sa journée augmenté. On nous dit toujours que si nous prenons des mesures pour sauver telle ou telle industrie, les relèvements de tarif produiront des représailles à l'étranger. Le Gouvernement de Louis-Philippe, vous le savez, était souvent accusé d'être un peu l'humble serviteur de l'Angleterre.

Il ne craignit pas cependant de faire ces relèvements de tarif. L'Angleterre ne fit aucune observation, parce qu'un pays a toujours le droit de sauver une de ses industries. (Approbation.) Elle ne fit pas plus d'observations alors qu'elle n'en a fait quand M. de Bismarck, sur les calicots, dits épais dans le tarif allemand, que lui expédiait l'Angleterre, a porté les droits de 10 à 80 marks les 100 kilogr., c'est-à-dire de 50 à 100 fr., ce qui est le double du droit à l'entrée en France. L'Angleterre aime à être maîtresse chez elle, mais elle sait qu'il faut aussi que les autres nations aient le même privilège et pour qu'on respecte ses droits, elle respecte ceux des autres. (Très bien ! très bien !)

Voici, Messieurs, dans quel état était la filature de lin en 1859 : elle avait, à cette époque, par ces augmentations successives dues à sa grande prospérité, que je me hâte de reconnaître, porté le nombre de ses broches à 500,000, et elle constituait comme vous l'a dit M. le

Rapporteur, le quart de l'industrie linière de l'Europe.

Les traités de 1860 arrivèrent, les droits furent diminués dans une très forte proportion, et alors des importations reparurent, non pas comme elles avaient eu lieu en 1843, parce que la filature française avec ses 500,000 broches et le tissage français qui employait les produits de ces broches avaient une certaine force pour se défendre, mais enfin les importations augmentèrent.

En 1863, et jusqu'en 1867, l'industrie linière française eut une grande période de prospérité. C'est alors qu'eut lieu ce qu'on a appelé la famine de coton par suite de la guerre de sécession en Amérique. Il y eut des besoins énormes de tissus de lin et de chanvre pour étoffes de campement ; les Américains vinrent chercher en Angleterre, en France, tous les tissus qu'ils pouvaient se procurer, et le résultat de ces demandes fut de provoquer en France un tel accroissement dans l'industrie de la filature et du tissage que la filature de lin français comptait en 1869, 750,000 broches. Elle avait augmenté par conséquent le nombre de ses broches de 50 p. 100.

Les choses continuèrent en cet état jusqu'à la fin de 1867. Mais ces 750,000 broches qu'on avait montées pour subvenir à des besoins pressants et accidentels étaient de trop pour la consommation ordinaire, surtout eu égard aux importations étrangères en fil qui, sans avoir l'importance de l'époque précédant 1843, avaient cependant repris et se comptaient par 10, 12 et 14 millions.

Alors, Messieurs, il arriva ce fait que les broches nouvelles, et même une partie des anciennes, cessèrent de travailler, si bien que l'industrie linière vit descendre le nombre de ses métiers à filer à 500,000, pendant que la filature anglaise, qui était passée à 1,700,000 broches, ne descendit qu'à 1,600,000.

Depuis six mois le nombre de nos broches en activité est tombé à 450,000.

On nous dit : C'est un malheur. Mais si c'est un

malheur, ce n'est pas l'importation étrangère qui en est la cause, puisque cette importation n'est pas très considérable.

Il y a deux manières pour une industrie de souffrir : ou par une importation étrangère extrêmement considérable, ou par une importation étrangère modérée, mais qui pourrait devenir très considérable, si l'industrie française ne se résignait pas à une baisse de prix ruineuse.

Eh bien, c'est ce dernier cas qui est arrivé pour l'industrie linière.

Pour empêcher une entrée plus considérable de produits étrangers, l'industrie linière française a baissé successivement ses prix, et aujourd'hui non seulement elle n'a plus les 750,000 broches de 1867, ni même les 500,000 de 1859, mais de plus, depuis six mois, elle a été forcée d'en arrêter encore 40,000 dans le département du Nord, qui est le siège de cette industrie ; de sorte qu'aujourd'hui l'industrie française n'a plus qu'environ 450,000 broches. Elle avait le quart des broches totales de l'Europe en 1859, elle n'en a plus que le septième.

Comme je le disais tout à l'heure, l'industrie linière a été obligée de faire des pertes très considérables pour pouvoir lutter contre les industries étrangères.

Elle a non seulement contre elle l'industrie anglaise dont les établissements sont extrêmement considérables, puisqu'à Belfast il y a une manufacture qui, à elle seule, a 80,000 broches — cet établissement-là est infiniment plus grand qu'aucun de ceux que nous possédons, — mais elle a en outre contre elle la Belgique, qui ne compte, il est vrai, que 250,0000 broches, mais dans les mains de compagnies extrêmement puissantes ; la Belgique, qui a chez elle le premier lin du monde, a aussi l'avantage énorme d'avoir une main d'œuvre à un prix que nous ne connaissons pas. Les journées de l'ouvrière — je cite celle-ci, parce qu'on emploie beaucoup plus de femmes que d'hommes dans les filatures de lin — qui se paient 2 fr. et 2 fr, 25 à Lille et dans les filatures de

Normandie et d'autres départements se paient 1 fr, 25 à 1 fr. 30 dans les filatures belges.

Outre cela, nous sommes, en France, sous le régime du travail de douze heures. Si ce régime ne se continuait pas, si nous arrivions à réduire le travail à dix heures, il faudrait alors reprendre à nouveau tout le tarif des douanes, puisque la position des industriels français serait tout-à-fait différente de ce qu'elle est aujourd'hui.

En Belgique, la journée de travail est de douze heures ; seulement on a le droit de travailler plus longtemps. On paie aux ouvriers les heures réglementaires; mais enfin on fait des heures supplémentaires. Il n'y a pas un mois, le directeur de ma filature, étant en Belgique, a vu à Lokeren une filature belge dans laquelle les ouvriers faisaient quatorze heures de travail. Ces deux heures supplémentaires étaient payées à l'ouvrier, mais il n'y avait pas, pour ces deux heures, de frais généraux. Or, comme dans les filatures de lin, sur le coût de 1 kilogramme de fil, la main-d'œuvre entre pour un tiers et les frais généraux pour deux tiers, vous voyez immédiatement quel est l'avantage du filateur belge sur le filateur français : une différence de plus de 30 p. 100 sur la main-d'œuvre et un travail de deux heures sans frais généraux.

Telle est aujourd'hui la position de la filature de lin en France. J'ajouterai ce fait assez curieux, c'est que, après 1860, un certain nombre de maisons anglaises sont venues s'établir dans le département du Nord ; il y avait une vingtaine de filatures appartenant à des Anglais et conduites par des contre-maîtres anglais ; il n'en reste pas une seule ; tous ces établissements ont sombré. Cela semblerait prouver que si les industriels du département du Nord souffrent, cela n'est pas faute de travail et d'habileté , puisque les Anglais n'ont pas pu maintenir en France l'industrie qu'ils étaient venus y fonder.

M. le Ministre du commerce a dit, dans le premier discours qu'il a prononcé ici, qu'il n'était divisé avec la Commission que par quelques détails et qu'il n'y avait pas de doute que l'accord pourrait s'établir. Je ne comprendrais pas comment il ne s'établirait pas. Si les demandes de la Commission étaient exagérées, je le concevrais ; mais, sans entrer dans les chiffres qui fatigueraient le Sénat, je vais résumer la question en trois mots. Le tarif conventionnel, qui est encore en vigueur aujourd'hui, a donné à l'industrie linière française, comme droit compensateur, un chiffre un peu au-dessous de 8 p. 100 de la valeur du produit étranger. Ceci a été démontré en 1876 au conseil supérieur par les états de douane, par les états des sommes payées à l'entrée des fils étrangers. On dira que maintenant le droit compensateur s'élève à un chiffre plus élevé que 8, triste augmentation, puisqu'elle provient de la baisse des prix. A ce compte, si le prix des fils était zéro, la protection serait infinie. J'admets que l'industrie linière française a aujourd'hui, d'après le tarif conventionnel, un droit de 8 p. 100, si les prix étaient normaux, au lieu d'être ruineux ; c'est-à-dire que le chiffre compensateur est de 8 p. 100 de la valeur du produit étranger, anglais ou belge. Eh bien, qu'est-ce que le Gouvernement propose, dans le tarif qu'il nous soumet ?

Il propose que ce droit de 8 p. 100 soit augmenté de 24 p. 100, c'est-à-dire que pour le tarif général, le droit passe de 8 à 10 p. 100 ; mais vous savez très bien que nous avons été, je ne dirai pas prévenus, mais qu'on nous a fait comprendre que les 24 p. 100 disparaîtraient dans le cas des traités de commerce et que nous reviendrions au *statu quo*. Du reste, M. le Ministre du commerce vient de vous dire que son idée en général était de maintenir autant que possible le *statu quo*, sauf les corrections qui ont été faites par la Chambre des Députés. Eh bien, l'industrie linière aurait donc 10 p. 100 dans le tarif général, mais de ces 10 p. 100 deux disparaîtraient dans le cas où il serait fait des traités de commerce, et l'industrie retomberait à 8 p. 100, c'est-à-dire au *statu quo*.

Les droits que la Commission du Sénat vous propose, sauf la question des classifications sur lesquelles je reviendrai tout à l'heure, ou plutôt sur lesquelles je dirai un mot au moment de la discussion des chiffres, ces droits sont d'environ 12 p. 100, dont 2 p. 100 environ disparaîtraient en cas de traité de commerce; alors, la filature de lin aurait 2 p. 100 de plus qu'elle n'a aujourd'hui.

Voilà, Messieurs, toutes les exigences de la Commission pour cette industrie. Vous verrez si cette demande de 2 p. 100 est une demande exagérée. Il s'agit d'une industrie qui n'a pas progressé depuis 1859, dont la position est beaucoup moins bonne qu'avant les traités et même que pendant les années qui ont suivi les traités, parce qu'alors notre marché n'avait pas à absorber seul les produits de l'Angleterre et de la Belgique. Ces deux puissances déversaient une portion de leur production sur l'Autriche, la Russie, l'Allemagne et l'Italie.

Or, maintenant, tous ces pays se livrent à la culture et à la filature du lin: l'Autriche, en effet, produit du lin dans la Bohême et a autant de broches de filature que la France; l'Allemagne et l'Italie en produisent aussi, et ce dernier pays produit encore d'excellent chanvre. D'un autre côté, il ne faut pas perdre de vue que, dans ces pays, l'industrie du lin trouve la main d'œuvre à un prix exceptionnellement bas.

Aujourd'hui donc nous avons à soutenir une concurrence plus forte qu'en 1859, quand l'Angleterre et la Belgique pouvaient déverser leurs produits sur les pays dont je viens de parler et sur les marchés desquels elle a un accès moindre aujourd'hui.

L'industrie linière française est donc dans une position plus difficile. Eh bien, Messieurs, je me résume en deux mots. Le tarif conventionnel présente 8 p. 100. La Chambre des Députés a voté pour le tarif général 10 p. 100 qui seraient réduits à 8 p. 100 au cas de traité, et la Commission du Sénat vous propose 12 p. 100 qui seraient réduits à 10 p. 100 en cas de traité. Vous verrez Messieurs, si vous devez refuser ces 2 p. 100 à une industrie qui a décru depuis 1859 et dont la prospérité, je le répète, est intimement liée à celle de notre agriculture. (Très bien ! très bien ! sur plusieurs bancs.)

M. LE PRÉSIDENT, — Je vais d'abord mettre en délibération l'amendement de M. de Carné.

La Commission a proposé sous le n° 337 une tarification et une classification spéciales ; le Gouvernement avait proposé une autre tarification et une autre classification. L'amendement de M. de Carné se rapporte à ce qui forme la première catégorie de la Commission, qui est à peu près la première catégorie du Gouvernement. Je vais donc d'abord mettre en discussion l'amendement de M. de Carné.

Nous passerons ensuite à la proposition de la Commission, et si la proposition de la Commission n'était pas adoptée, ce serait sur la tarification du Gouvernement qu'il y aurait lieu de délibérer.

Je donne lecture de l'amendement de M. de Carné.

« N° 337. — Fils de lin ou de chanvre.

« Fils simples écrus mesurant au kilogramme...

« Remplacer les paragraphes :

« Première catégorie

« 2,000 mètres et moins, 16 francs les 100 kilogrammes ;

« Plus de 2,000 mètres, pas plus de 6,000, 18 fr. 50 c. les 100 kilogrammes ;

« Par le suivant :

« Première catégorie subdivisée.

« 500 mètres et moins 12 fr. les 100 kilogrammes ;

« Plus de 500 mètres, pas plus de 1,500 mètres, 14 fr. les 100 kilogrammes ;

« Plus de 1,500 mètres, pas plus de 2,500 mètres, 17 fr. les 100 kilogrammes ;

« Plus de 2,500 mètres, pas plus de 5,000 mètres, 20 fr. les 100 kilogrammes... »

La seconde partie de l'amendement serait discutée avec le numéro suivant :

La parole est à M. de Carné.

M. le Marquis de Carné. — Messieurs, comme vient de l'indiquer M. le Président, notre amendement se compose de deux parties ; l'une sous le n° 337, relative à la filature du lin et du chanvre, et l'autre sous le n° 337 *bis* relative à la filature des textiles étrangers. Comme la seconde partie de notre amendement est liée d'une manière absolument étroite à l'amendement présenté par nous sur l'article 339, nous discuterons, si vous le voulez bien, ces deux amendements en même temps. Je me bornerai donc à en développer actuellement la première partie seulement.

Son but, Messieurs, est de subdiviser en quatre les deux classes formant la première catégorie de la filature du lin et du chanvre, celle des fils de 2,000 mètres et moins, et de 2,000 à 5,000 mètres au kilogramme. Les chiffres de 12, 14, 17 et 20 fr. que nous vous proposons forment une moyenne de 15 fr. 75.

Cette moyenne est supérieure aux chiffres demandés par la filature elle-même ; car les filatures d'Abbeville, dans leur pétition à la Chambre des Députés, ont demandé un droit de 15 fr. pour les fils jusqu'à 6,000 mètres. M. Agache, de Lille, dans sa déposition à la Chambre des Députés, a demandé un chiffre de 15 fr. pour les fils jusqu'à 5,000 mètres au kilogramme. De plus, nos chiffres de 12, 14, 17 et 20 fr. sont en rapport avec la valeur des fils.

En effet, le prix moyen des fils de 500 mètres et au-dessous est de 120 fr. : nous vous demandons un droit de 12 fr., c'est-à-dire 10 p. 100. Le prix des fils de 501 mètres à 1,500 mètres est de 140 fr. : nous proposons un droit de 14 fr. Le prix moyen des fils de 1,501 mètres à 2,500 mètres est de 160 fr. : nous proposons un droit de 17 fr.

Enfin, le prix moyen des fils de 2,501 mètres à 5,000 mètres est de 190 fr. Nous proposons un droit de 20 fr.

La filature des gros numéros, c'est-à-dire des numéros inférieurs à 6,000 mètres au kilogramme n'a pas été, jusqu'ici, inquiétée par l'importation.

Il ressort, en effet, d'une lettre de M. le directeur général des douanes qu'en l'année 1878, et c'est l'année où le chiffre de l'importation a été le plus considérable, cette importation a été de 184,271 kilog. Qu'est-ce, Messieurs, qu'une importation de 184,271 kilog. d'une catégorie de fils, en la présence de l'importation de 19 millions de kilog. de chanvres introduits en France?

Les fils pour la cordonnerie et la sellerie ne peuvent être non plus inquiétés par l'importation; leur qualité supérieure les garantit contre toute concurrence; du reste, l'exportation dépasse considérablement l'importation.

On a parlé, Messieurs, à propos du chanvre, des intérêts de la corderie. C'est ici qu'il y a lieu de s'en préoccuper.

Le cordier qui achète son fil chez le filateur (et, entendons-nous bien ! je comprends par cordier le fabricant de cordage et de ficelle), le cordier, dis-je, qui achète son fil chez le filateur, devenu depuis quelques années son concurrent, a un intérêt immense à ce que le fil soit frappé d'un droit d'entrée absolument en rapport avec sa valeur.

Si l'on fait payer au fil de 500 mètres et au-dessous, par exemple, un droit de 16 fr. au lieu du droit de 12 fr. que nous demandons ; cet écart de 4 fr., qui représente le bénéfice net du cordier, est écrasant pour lui et l'empêche de lutter contre la concurrence qu'il subit. Pourquoi enfin ne pas appliquer aux fils de lin et de chanvre le système qui est appliqué à la filature du jute?

Lors des dépositions faites en vue de la classification du jute, deux demandes furent faites, l'une pour le maintien des quatre catégories, par M. Vancauvenberghe, le 11 juin 1878 ; l'autre, quelques jours après, par M. Charles Saint, demandant trois catégories seulement. Eh bien, entre ces deux demandes, M. le Ministre du commerce a choisi la subdivision en quatre catégories. Enfin, si le droit de 12, 14, 17 et 20 fr. que nous vous proposons protège suffisamment la filature — et je crois l'avoir dé-

montré par des chiffres auxquels je ne veux pas ajouter
ceux tirés de nombreuses factures de la filature travaill-
lant à façon pour la corderie, — si, d'un autre côté, la
corderie a un intérêt majeur à la subdivision en quatre
catégories pour la filature du chanvre, comme pour celle
du jute, et si, enfin, la subdivision ne crée, dans l'application du droit, aucune difficulté sérieuse, j'espère, Messieurs, que le Sénat voudra bien adopter la classification
que nous avons l'honneur de lui proposer. (Marques
d'approbation sur plusieurs bancs.)

M. LE PRÉSIDENT. — M. Denis a la parole.

M. GUSTAVE DENIS, *rapporteur*. — Messieurs, je viens
répondre à l'honorable M. de Carné, et je ne dirai pas
que je viens combattre son amendement, car dans la
Commission nous avons reconnu que jusqu'à un certain
point les observations présentées par l'honorable M. de
Carné étaient fondées. Mais j'ai eu l'honneur de vous dire
tout à l'heure, dans la discussion générale, que la Commission a tenu à ne modifier les chiffres de la Chambre
des Députés que lorsque la nécessité lui en paraissait absolue.

Eh bien, nous nous sommes trouvés en présence d'un
tarif qui avait déjà été modifié.

A l'origine, le tarif des fils de lin et de chanvre ne
comptait qu'une catégorie de 6,000 mètres et moins. La
Commission de la Chambre des Députés avait réduit cette
catégorie à 5,000 mètres.

Un amendement de l'honorable M. Le Gonidec de
Traissan a été présenté à la Chambre. Il était, je crois,
identique dans les termes à celui qui vient d'être soutenu
par l'honorable M. de Carné. Il a été aussi présenté dans
l'intérêt des cordiers ; il proposait une diminution des
droits sur les premières subdivisions, et arrivait au même
droit que le haut de la catégorie, c'est-à-dire pour 5,000
mètres. Un arrangement est intervenu, on a abaissé le
premier échelon des droits à 2,000 mètres, et l'honorable
M. Le Gonidec de Traissan a accepté cette solution
qui lui paraissait conforme aux intérêts qu'il avait voulu
défendre.

Nous avons pensé dans la Commission que s'il était vrai, que pour certains cas particuliers, les intérêts invoqués par M. de Carné fussent certainement à considérer, il ne s'agissait cependant que d'une très faible différence et que, dans ces circonstances, la nécessité absolue à laquelle je faisais allusion tout à l'heure n'était pas manifestement démontrée.

C'est pour cela que nous n'avons pas cru devoir modifier le tarif de la Chambre, en ce qui concerne cette partie des fils de lin et de chanvre; par conséquent, la Commission vous propose de repousser l'amendement.

M. LE PRÉSIDENT. — Je consulte le Sénat sur l'amendement de l'honorable M. de Carné.

J'en ai déjà donné lecture. Le Sénat sait que cet amendement a pour but d'avoir des catégories plus étendues.

(L'amendement n'est pas adopté.)

M. LE PRÉSIDENT. — Nous passons maintenant à la classification et aux chiffres de la Commission. Je vais en donner lecture.

« N° 337. — Fils simples écrus, mesurant au kilogramme :

						fr.	c.
1re catégorie,	2,000	mètres	et	moins.	»	16
2^e	—	2,000	—	à	5,000	»	20
3^e	—	5,000	—	à	10,000	»	25
4^e	—	10,000	—	à	20,000	»	35
5^e	—	20,000	—	à	30,000	»	50
6^e	—	30,000	—	à	45,000	»	65
7^e	—	45,000	—	à	60,000	»	85
8^e	—	60,000	—	à	80,000	1	15
9^e	—	80,000	—	à	100,000	1	60
10^e	—	plus de 100,000 mètres..	2	»

La parole est à M. Feray.

. . . .

. . . .

M. LE PRÉSIDENT. — Je vais mettre aux voix...

M. GUSTAVE DENIS, *rapporteur*. — Je demande la parole. (Exclamations. — Aux voix ! aux voix !)

M. LE PRÉSIDENT. — M. le Rapporteur a la parole.

M. le Rapporteur. — Je n'ai qu'un mot à dire ; après m'être associé aux paroles de M. Pouyer-Quertier, je tiens à faire observer que le tarif actuel est la traduction littérale de la nomenclature anglaise. C'est, en effet, Messieurs, d'après les mesures anglaises que nous achetons les paquets de lin. Nos catégories datent de 1843, comme le disait M. le Ministre, mais on n'en n'a reconnu les inconvénients qu'en 1860, parce que jusque-là les droits étaient assez élevés pour qu'on ne s'en aperçût pas. (Aux voix !)

Le n° 6,055 mètres correspond au n° 10. (Bruit.) Vous allez voir la conséquence, Messieurs. Le n° 20 anglais correspond à 12,110 mètres ; le n° 40 anglais correspond à 24,220 mètres. Vous remarquerez que le n° 20 anglais qui correspond à 12,110 mètres devrait payer les droits de la catégorie qni commence à 12,000, mais les Anglais s'arrangent de manière à ce que le n° 20, au lieu d'avoir 12,110 mètres, n'ait que 12,000 moins quelques mètres. Il en résulte que ce n° 20 qui devrait payer le prix de la catégorie auquel il est astreint, ne paye que le droit de la catégorie inférieure. Si on descend de 5,000 à 10,000 au lieu de 6,000 et de 12,000, ce fait ne pourra pas se renouveler, et cela intéresse à un haut degré la filature de lin française.

M. le Président. — Je mets aux voix la première partie du numéro 337, c'est-à-dire celle qui s'applique aux fils écrus. La Commission a dix catégories qu'elle taxe au kilog., ainsi qu'il suit :

« Fils simples écrus, mesurant au kilog. :

				le kil.
« 2,000 mètres et moins			»	16
« 2,000 — à 5,000 mètres .			»	20
« 5,000 — à 10,000			»	25
« 10,000 — à 20,000			»	35
« 20,000 — à 30,000			»	50
« 30,000 — à 45,000			»	65
« 45,000 — à 60,000			»	85
« 60,000 — à 80,000			1	15
« 80,000 — à 100,000			1	60
« Plus de 100,000 mètres.			2	»

Il y a une demande de scrutin signée par MM. Griffe, Oudet, Gaulthier de Rumilly, Tolain, Mathey, Bernard, Arbel, Massot, Desmazes, Dupouy.

Plusieurs sénateurs. — Expliquez le vote.

M. LE PRÉSIDENT. — Je viens de donner lecture des catégories et des prix de la Commission. Ceux qui seront d'avis d'adopter les conclusions de la Commission mettront dans l'urne un bulletin blanc, ceux qui seront d'un avis contraire mettront dans l'urne un bulletin bleu.

(Le scrutin a lieu. — MM. les secrétaires effectuent le dépouillement des votes. — Il est procédé au pointage.)

RÉSULTAT DU SCRUTIN.

M. LE PRÉSIDENT. — Voici le résultat du scrutin sur le n° 337, première partie :

Nombre des votants.	268
Majorité absolue.	135
Pour l'adoption 131	
Contre 137	

Le Sénat n'a pas adopté.

Il y a lieu, par conséquent, de mettre aux voix la rédaction et les prix du Gouvernement.

Voix nombreuses à droite. — A demain ! à demain !

M. LE PRÉSIDENT. — Y aura-t-il lieu à une discussion ou seulement à un vote ?...

Monsieur le Rapporteur, qu'est-ce que vous demandez ?

M. LE RAPPORTEUR. — Le renvoi à demain, monsieur le Président. (Non ! non ! à gauche.)

M. LE PRÉSIDENT. — Monsieur le Ministre, le projet de la Commission a été rejeté. Nous passons au projet du Gouvernement. On demande le renvoi à demain.

M. LE RAPPORTEUR. — Messieurs, le projet de classification de la Commission a été rejeté, mais il nous reste encore à vous demander un accord entre les catégories de la Commission et les droits proposés par le Gouvernement.

Je demande le renvoi à la Commission afin que cet accord puisse se faire.

M. LE PRÉSIDENT. — Il n'y a pas d'opposition ?

M. LE MINISTRE DU COMMERCE. — Je ne sais pas si l'on a voté le tout ou simplement les classifications.

M. LE PRÉSIDENT. — On a voté sur les propositions de la Commission qui comprenaient des catégories, des prix et une taxation au kilo.

Maintenant, il y a lieu de mettre aux voix la proposition du Gouvernement qui contient d'autres catégories, d'autres prix et une taxation aux 100 kilog.

Voix nombreuses. — A demain !

M. LE PRÉSIDENT. — Il n'y a pas d'opposition ?...

La suite de la discussion est renvoyée à demain.

Séance du vendredi 18 mars 1881.

SOMMAIRE

Suite de la discussion du projet de loi, adopté par la Chambre des Députés, relatif à l'établissement du tarif général des douanes (N° 337. — Fils de lin ou de chanvre) : MM. le Président, Gustave Denis, rapporteur, Tirard, ministre de l'agriculture et du commerce. — Adoption de la première partie du n° 337 (catégories 1 à 9). — N° 337 (2e partie). — Amendement de M. le baron Le Guay : MM. le baron Le Guay, Gustave Denis, rapporteur, Tirard, ministre de l'agriculture et du commerce. — Retrait de l'amendement par son auteur. — Adoption de la 2e partie modifiée du n° 337 : M. Gustave Denis, rapporteur. = N° 350. — Adoption du n° 350 modifié. = Nos 351 et 352. — Adoption. = N° 353. — Amendement de M. Merlin : M. Merlin. — Retrait de l'amendement par son auteur. — Adoption du n° 353. = Nos 354 à 358. — Adoption. = N° 338 : M. Gustave Denis, rapporteur. — Adoption. = N° 339. — Amendements de M. le marquis de Carné : MM. Gustave Denis, rapporteur, Tirard, ministre de l'agriculture et du commerce. — Adoption. = N° 359 : M. le Président. — Adoption. = Nos 360 à 363 : MM. le Président, Gustave Denis, le général Robert, le marquis de Carné, Dupuy de Lôme, rapporteur. — Adoption. = N° 358. — Amendement de M. le marquis de Carné : MM. le marquis de

Carné, Tirard, ministre de l'agriculture et du commerce. — Retrait de l'amendement par son auteur. — Amendement de M. Huguet : MM. Huguet, Dupuy de Lôme, rapporteur. — Rejet de l'amendement. — Adoption du n° 358.

SUITE DE LA DISCUSSION DU TARIF GÉNÉRAL DES DOUANES

M. LE PRÉSIDENT. — L'ordre du jour appelle la suite de la discussion du projet de loi, adopté par la Chambre des Députés, relatif à l'établissement du tarif général des douanes.

Nous en étions restés à la première partie du n° 337. — Les propositions de la Commission ont été rejetées, je dois mettre en discussion la proposition du Gouvernement qui est ainsi conçue :

« *Fils de lin ou de chanvre.*

« N° 337. — Fils simples écrus, mesurant au kilogramme :

		les 100 kil.	
2,000 mètres et moins		16	»
2,000 — à 6,000 mètres.		18	50
6,000 — à 12,000 —		25	»
12,000 — à 24,000 —		37	»
24,000 — à 36,000 —		45	»
36,000 — à 60,000 —		62	»
60,000 — à 80,000 —		99	»
80,000 — à 100,000 —		149	»
Plus de 100,000 mètres.		200	»

M. GUSTAVE DENIS, *rapporteur*. — Je demande la parole.

M. LE PRÉSIDENT. — La parole est à M. Denis, rapporteur.

M. LE RAPPORTEUR. — Messieurs, à la fin de la séance d'hier, un vote a eu lieu sur la proposition de la Commission relative aux fils de lin et de chanvre. La Commission vous avait présenté un système composé de deux éléments ; l'un, l'élément principal, portait sur la quotité des droits ; l'autre, l'élément secondaire, sur la classification et l'organisation de ces droits. Cette proposition a été repoussée. La Commission s'est inclinée devant le vote du Sénat. Elle a remis à l'étude le travail qu'elle vous avait d'abord soumis, et, après un examen approfondi, elle est arrivée à proposer une nouvelle combinaison, et, cette fois, après l'avoir soumise à M. le Ministre du commerce, son rapporteur a la satisfaction de pouvoir vous dire que c'est d'accord avec le Gouvernement que cette proposition vous est faite.

Voici, Messieurs, en quoi elle consiste : les chiffres des droits proposés par le Gouvernement et votés par la Chambre étaient inférieurs dans une certaine mesure, dans une mesure assez faible, à ceux qui étaient proposés par la Commission. La Commission a abandonné cet excédent, mais elle a maintenu la division des catégories, la nomenclature, parce que, plus graduée et partant plus rationnelle, elle permettait une perception des droits plus effective.

Voici quelle est la proposition de la Commission :

Pour 2,000 mètres et moins, au kilogramme, 0 fr. 16 c. par kilog., comme dans le projet du Gouvernement ; plus de 2,000 mètres, 0 fr. 18 au lieu de 18,5.

M. TIRARD, *ministre de l'agriculture et du commerce.* — De 2,000 jusqu'à 5,000 mètres, 18 fr. les 100 kilog.

M. LE RAPPORTEUR. — Oui, cela revient au même :

				mètres		mètres	les 100 kil.
Plus de	2,000	moins	de	5,000		18 fr.
—	5,000	—		10,000		23 —
—	10,000	—		20,000		33 —
—	20,000	—		30,000		40 —
—	30,000	—		40,000		50 —
—	40,000	—		60,000		70 —
—	60,000	—		80,000		99 —
—	80,000	—		100,000		149 —
—	100,000	et au delà				200 —

Telles sont, Messieurs, les propositions que la Commission a l'honneur de vous faire, d'accord avec le Gouvernement.

M. le Président. — La Commission et le Gouvernement sont d'accord sur la nouvelle classification et les nouveaux chiffres, dont M. le rapporteur Denis vient de donner connaissance au Sénat.

Je remarque pourtant qu'il y a encore une différence sur laquelle l'honorable M. Denis ne s'est pas expliqué.

Le Gouvernement tarifait 16 fr. les 100 kilog., la Commission tarife au kilog. 16 c. Y a-t-il accord ou désaccord sur ce point?

M. le Rapporteur. — Il n'y a pas de différence au fond. C'est une question de rédaction.

M. Tirard, *ministre de l'agriculture et du commerce.* — Je demande la parole.

M. le Président. — M. le Ministre de l'agriculture et du commerce a la parole.

M. le Ministre. — Messieurs, je demande que la tarification aux 100 kilogrammes soit maintenue dans notre tarif, parce que c'est la base généralement adoptée pour les perceptions et les vérifications de la douane, et que nous cherchons, autant que possible, à nous rapprocher des usages commerciaux, comme je le disais hier. Or, l'introduction des fils ne se fait pas au kilogramme, mais par centaine de kilogrammes.

Par conséquent, c'est la quantité la plus usitée que l'on prend comme base de tarification.

Je ne vois pas véritablement l'intérêt que peut avoir la Commission à modifier un état de choses qui a existé de tous temps dans notre propre tarif de douanes, aussi bien que dans les tarifs étrangers.

Il n'y a aucune espèce d'intérêt à opérer ce changement, et je répète qu'il n'est pas conforme aux usages commerciaux.

Je demande donc le maintien de la taxation par 100 kilogrammes.

M. le Président. — S'il n'y a pas accord, je vais consulter le Sénat.

M. le Rapporteur. — Il n'y a aucune différence au fond.

.M. le Président.—Alors, vous acceptez là tarification du Gouvernement ?

La Commission et lè Gouvernement étant d'accord, l'article 337, 1re partie, serait ainsi conçu :

Fils simples écrus, mesurant aux 100 kilog. :

	mètres			mètres	les 100 kil.
Moins de .	. .	.	. . .	2,000	16 fr.
Plus de	2,000	moins de		5,000	18 —
—	5,000	—		10,000	23 —
—	10,000	—		20,000	33 —
—	20,000	—		30,000	40 —
—	30,000	—		40,000	50 —
—	40,000	—		60,000	70 —
—	60,000	—		80,000	99 —
—	80,000	—		100,000	149 —
—	100,000	et au delà			200 —

Je mets aux voix cette proposition.

(La proposition est adoptée.)

M. le Président. — Nous passons à la deuxième partie du n° 337 :

« Fils blanchis ou teints, fils retors écrus : droits des fils simples écrus augmentés de 30 p. 100. »

« Fils retors blanchis ou teints : droits des fils simples blanchis ou teints augmentés de 30 p. 100. »

Il y a, à ce sujet, un amendement de MM. le baron Le Guay et Joubert.

M. le baron Le Guay. — La Commission nous ayant donné satisfaction, l'amendement est retiré.

M. le Président. — Dans le texte qui m'a été remis, je vois les mots « fils blanchis ou teints », mais je ne vois pas les mots « fils polis ».

M. le baron Le Guay. — La Commission a ajouté une note qui indique que les fils polis sont traités comme les fils blanchis ou teints ; du moins la Commission nous l'a déclaré.

M. le Rapporteur. — Cela est parfaitement exact. Je suis prêt à lire la note, mais auparavant il serait peut-être bon de donner quelques explications au Sénat. (Marques d'approbation.)

Messieurs, un amendement avait été déposé par deux de nos honorables collègues, MM. le baron Le Guay et Joubert, au sujet des fils polis. On a fait observer devant la Commission que le polissage des fils était une façon supplémentaire qui devait motiver une augmentation des droits, comme le blanchiment et la teinture ; les détails fournis à la Commission sur cette opération lui ont permis de reconnaître qu'il ne serait pas juste de maintenir les fils polis dans la condition des fils écrus, dont ils sont parfaitement distincts, et comme valeur et comme aspect.

Une objection a été soulevée par l'administration de la douane ; elle a pensé que les fils polis ayant, lorsqu'ils appartiennent aux gros numéros, l'aspect de la ficelle, devaient être classés dans le tarif des cordages et ficelles. C'est ce qu'a fait la Commission ; elle a renvoyé les fils polis au tarif des cordages et ficelles, qui ont moins de 5,000 mètres au kilog.; et elle a conservé dans le tarif des fils de lin et chanvre les fils polis ayant plus de 5,000 mètres au kilogramme.

En conséquence, nous vous proposons d'adopter l'amendement de M. Le Guay, sous la forme suivante :

« Les fils polis au-dessous de 5,000 mètres sont assimilés aux ficelles, et au-dessus de 5,000 mètres aux fils de lin ou de chanvre blanchis ou teints, soit simples, soit retors. »

Cette mention sera insérée à la fin du n° 337.

M. LE MINISTRE DE L'AGRICULTURE ET DU COMMERCE. — Je demande la parole.

M. LE PRÉSIDENT. — La parole est à M. le Ministre de l'agriculture et du commerce.

M. LE MINISTRE DE L'AGRICULTURE ET DU COMMERCE. — Messieurs, cette proposition avait déjà été soumise à la Chambre des Députés, qui l'a rejetée après un mûr examen.

C'est une de ces nombreuses dispositions qu'on cherche

à introduire dans le tarif des douanes, et qui n'ont guère d'autre utilité que de compliquer le service de la douane pour donner satisfaction à des intérêts d'une importance minime.

Je vous demande la permission de vous lire une note qui m'a été envoyée par le service des douanes lui-même, car vous devez comprendre qu'il est absolument impossible au ministre d'avoir connaissance exacte de tous ces détails, et qu'il est obligé de se référer aux renseignements qui lui sont fournis par les agents de l'administration :

« MM. Le Guay et Joubert voudraient que les fils polis fussent assimilés aux fils blanchis ou teints, ce qui revient à dire qu'ils seraient, en pareil cas, frappés d'une surtaxe de 30 p. 100.

« L'application de cette mesure serait pour le service des douanes d'une extrême difficulté. Rien de pareil n'existe pour les fils destinés au tissage. La loi n'admet que des catégories bien tranchées : fils simples ; fils retors ; fils blanchis ; fils teints ; sans tenir compte des mains-d'œuvre intermédiaires, du glaçage, par exemple, du gazage ou de l'apprêtage. Les mêmes règles doivent être suivies pour les fils servant à la fabrication des cordes. Il serait tout à fait irrationnel que des fils ayant cette destination, qui auraient été polis, fussent imposés à un droit augmenté de 30 p. 100, quand le droit simple s'appliquerait à des fils pour tissage ayant plus de valeur et ayant donné lieu à plus de main-d'œuvre. »

Il me semble, Messieurs, que ces explications auront suffi pour vous démontrer les inconvénients d'une disposition qui n'a été introduite dans aucun tarif.

On dirait, en vérité, qu'un tarif de douanes peut offrir un résumé de tous les articles qui prennent place sur les factures d'un négociant ; mais est-il possible, je vous le demande, que le tarif pénètre ainsi dans tous les détails de la fabrication ? Il ne peut évidemment procéder que par grandes lignes, et renoncer à suivre toutes les variations, toutes les améliorations, tous les changements qùe subissent les procédés industriels. C'est en présence de telles difficultés bien constatées que je vous demande de repousser l'amendement et de maintenir la tarification telle qu'elle vous est proposée.

M. le Président. — La parole est à M. Le Guay.

M. le baron Le Guay. — Je ne puis pas laisser sans réponse les observations de M. le Ministre. Le tarif des douanes, en effet, n'est pas une facture ; le tarif doit être l'expression de la vérité ; par conséquent, il doit tenir compte de tous les travaux qui sont opérés sur les matières qui sont soumises aux tarifs. Or, je crois qu'on ne se rend pas bien compte de ce que c'est qu'un fil poli. Le polissage est une opération qui est tout aussi et souvent même plus onéreuse que le blanchiment. Le fil écru est tout simplement le chanvre à l'état naturel, broyé, peigné et filé ; le fil poli est ce même fil qui, après avoir été trempé successivement dans plusieurs bains d'eau, est enduit d'un encollage spécial et soumis enfin à une préparation mécanique qui lui donne ce fini, cet apprêt exigé par les besoins du commerce.

Dans beaucoup de cas, l'opération est beaucoup plus longue, et, comme je l'ai dit souvent, plus onéreuse pour le fabricant que le blanchiment. Je crois donc que nous sommes dans la vérité et dans l'équité en demandant que les fils polis qui ont plus de 5,000 mètres de longueur, et qui ne sont par conséquent ni des fils écrus ni des ficelles, soient considérés comme des fils blanchis, et que ceux d'une longueur inférieure à 5,000 mètres, qui alors peuvent être considérés comme des ficelles, soient soumis à cette dernière tarification. Du reste, il ne s'agit pas d'une modification de tarif, il ne s'agit que d'un mot à ajouter dans la nomenclature des produits tarifés. (Marques d'approbation sur plusieurs bancs.)

M. le Ministre du commerce. — Il s'agit d'un travail pour la douane.

M. le baron Le Guay. — Ce travail me paraît absolument indispensable, et en ajoutant le mot de fil poli à la suite du mot de fil blanchi, on évitera à la douane de commettre des erreurs préjudiciables à tous. Or, je ne crois pas que le Gouvernement veuille que les douanes puissent être trompées, et il est souvent impossible, même aux plus experts, de s'assurer si certains fils polis ne sont pas en réalité des fils blanchis.

J'affirme à M. le Ministre qu'on fait entrer par la frontière des fils blanchis sous le nom et avec l'apparence de fils polis, et que si on n'ajoute pas aux mots « fils blanchis ou teints » les mots « fils polis », les fils dont je viens de parler pourront entrer au tarif des fils écrus.

Je crois que la douane doit vouloir rechercher la vérité partout où elle se trouve ; elle ne doit pas permettre qu'on fasse entrer des fils blanchis sous le nom de fils écrus. Je demande qu'on ajoute les fils polis aux fils blanchis.

M. LE MINISTRE. — Mais s'ils sont blanchis, ils payent le droit. Il y a un droit de 30 p. 100, ce qui est considérable, et il faut établir la différence qui existe entre le prix du polissage, au point de vue de la main-d'œuvre en France, comparé avec celui de l'étranger.

M. LE BARON LE GUAY. — La Commission s'est livrée à cet examen. Le polissage est une opération onéreuse, souvent plus onéreuse et plus longue que le blanchiment, par conséquent je ne vois pas pourquoi les fils polis ne seraient pas au même régime que les fils blanchis.

M. LE PRÉSIDENT. — Je mets aux voix la rédaction de la Commission :

« Les fils polis au-dessous de 5,000 mètres sont assimilés aux ficelles, et au-dessus de 5,000 mètres, aux fils de lin ou chanvre blanchis ou teints, soit simples, soit retors. »

(La rédaction de la Commission est adoptée.)

M. LE PRÉSIDENT. — « N° 337. — Fils blanchis ou teints, droits des fils simples écrus augmentés de 30 p. 100. » — (Adopté.)

« Fils retors écrus, droits des fils simples écrus augmentés de 30 p. 100. » — (Adopté.)

« Fils retors blanchis ou teints, droits des fils simples, blanchis ou teints augmentés de 30 p. 100. » — (Adopté.)

« Fils de lin ou de chanvre mélangés, le lin ou le chanvre dominant en poids, mêmes droits que les fils de lin ou de chanvre pur, selon l'espèce et la classe. » — (Adopté.)

Nous passons aux fils de jute.

M. DENIS, *rapporteur*. — Dans la Commission, on a examiné les tissus immédiatement après les fils, afin qu'on pût adapter aux tissus les droits sur les fils. Il serait peut-être bon de suivre le même ordre, si le Sénat n'y voit pas d'inconvénient.

M. LE PRÉSIDENT. — Monsieur le Ministre, vous ne vous opposez pas à ce mode de discussion?

M. LE MINISTRE. — Pas du tout.

M. POUYER-QUERTIER, *rapporteur général*. — Il faudrait indiquer le numéro.

M. LE RAPPORTEUR. — C'est le n° 350.

M. LE PRÉSIDENT. — Nous passons alors au n° 350, qui a été l'objet d'une nouvelle classification sur laquelle la Commission et le Gouvernement sont tombés d'accord. C'est donc cette classification nouvelle que je mets aux voix :

« Tissus de lin ou de chanvre pur unis ou ouvrés.

« Écrus, présentant en chaîne et en trame, etc., etc. »

Les numéros 350 à 357 sont votés dans l'espace de trois minutes puis on revient aussitôt à la discussion du n° 338.

Nous revenons maintenant aux fils de jute, dit M. le Président.

« N° 338. — Fils de jute pur. »

La Commission est-elle d'accord avec le Gouvernement ?

M. DENIS, *rapporteur*. — Oui, M. le Président. Il n'y a d'autre désaccord que la tarification au kilogramme. Pour les fractions de centime, on avait arrondi les chiffres, voilà toute la différence. Nous reprenons les chiffres du Gouvernement, c'est-à-dire la tarification aux 100 kilog.

M. le Président. — Alors ce sont les chiffres du Gouvernement que je mets aux voix?

M. le Rapporteur. — C'est identique !

M. le Président. — « N° 338. » Je lis les chiffres et les catégories du Gouvernement :

« *Fils de jute pur:*

« Écrus mesurant au kilogramme :

« Moins de 1,400 mètres, 6 fr. 25. » — (Adopté.)

« De 1,400 mètres à 3,700 mètres exclusivement, 7 fr. 50. » — (Adopté.)

« De 3,700 mètres à 4,200 mètres, 8 fr. 75. » — (Adopté.)

« De 4,200 mètres à 6,000 mètres, 12 fr. 50 » — (Adopté.)

« Plus de 6,000 mètres, même droits que les fils de lin ou de chanvre, selon la classe. » — (Adopté.)

« Blanchis ou teints, mesurant au kilog :

« Moins de 1,400 mètres, 8 fr. 75. » — (Adopté.)

« De 1,400 mètres à 3,700 mètres, exclusivement, 11 fr. » — (Adopté.)

« De 3,700 mètres à 4,200 mètres, 12 fr. 50. » — (Adopté.)

« De 4,200 métres à 6,000 mètres, 17 fr. 50. » — (Adopté.)

« Plus de 6,000 mètres, même régime que les fils de lin et de chanvre. » — (Adopté.)

« Fils mélangés, le jute dominant en poids, mêmes droits que les fils de jute pur. » — (Adopté.)

« N° 399. — Fils de phormium tenax, d'abaca et d'autres végétaux filamenteux non dénommés purs ou mélangés, le phormium, l'abaca, etc., dominant en poids (proposition de la Commission et du Gouvernement), mêmes droits que les fils de jute. »

La seconde partie de l'amendement de M. de Carné se rapporte à ce numéro.

M. de Carné a présenté deux amendements, l'un qu'il avait intitulé 337 *bis*, et qui est ainsi conçu : « Fils de chanvre de Manille, de Lupis de la Nouvelle-Zélande, de sisal, d'abaca, d'aloès, de fibres d'aloès et autres végétaux filamenteux non dénommés, purs ou mélangés, le manille, etc., dominant en poids, mêmes droits que les fils de chanvre. »

. L'autre de même nature, sous le n° 339. En voici les termes : « Fils de phormium tenax, de chanvre de Chine, de Bombay ou Jubulpor, de Cocanada, de Madras, purs ou mélangés, le phormium, le chanvre de Chine, etc. dominant en poids, mêmes droits que les fils de jute. »

La parole est à M. de Carné.

M. LE MARQUIS DE CARNÉ. — Messieurs, comme j'ai eu l'honneur de l'indiquer hier au Sénat, les deux amendements que nous avons proposés doivent être discutés simultanément. Ils ont pour but d'établir une distinction entre les divers textiles étrangers qui, dans le projet de la Commission, en ce qui concerne les fils au-dessous de 6,000 mètres, sont tous assimilés aux fils de jute, et d'assimiler les uns au fils de jute, et les autres aux fils de chanvre. La valeur différente de tous ces textiles et la valeur très différente des fils qui en proviennent justifieront, je l'espère, la proposition que nous avons l'honneur de vous faire.

D'après le tableau d'estimation de la Commission des valeurs, le prix du chanvre teillé est de 84 fr., le prix du jute est de 45 fr.; la différence, vous le voyez, est donc de près de moitié.

D'après les différents tarifs commerciaux des principales maisons d'importation de textiles étrangers, voici quels sont les prix de ces textiles :

	les 100 kil.
« Manille.	90 à 95
« Lupis.	125
« Chanvre de la Nouvelle-Zélande.	70
« Abaca	70 à 80
« Aloès	75 à 80 »

Nous vous proposons d'assimiler les fils de ces textiles aux fils de chanvre.

« Phormium tenax, 45 fr.

« Chanvre de Chine, 45 fr.

« Chanvre de Bombay ou de Jabulpor, 47 fr. 50. à 50 fr.

« Chanvre de Cocanada et de Madras, 45 à 52 fr. 50. »

Nous vous proposons d'assimiler les fils de ces textiles aux fils de jute.

Nous avons ajouté après les fils de Lupis et Manille, les fils provenant d'autres textiles non dénommés, pour ne pas laisser la porte ouverte à des textiles peut-être encore inconnus, qui pourraient, à l'aide du tarif le plus bas de la filature, s'introduire quoique ayant une valeur supérieure aux fils de chanvre.

La façon de la filature de ces textiles est sensiblement la même que celle du chanvre ; il serait même vrai de dire qu'elle est plus coûteuse. Le chanvre est plus dense, et un ouvrier filant à la main fabriquera 25 kilogr. de fil de Manille ou des autres textiles compris dans la même catégorie, mesurant 250 mètres au kilogramme, tandis qu'il fabriquera 33 kilogrammes de fil de chanvre représentant la même longueur.

Il n'est pas inutile, Messieurs, de rapprocher les tarifs étrangers des fils de Manille et Sisal des tarifs concernant la filature du chanvre ; nous y verrons que les fils de Sisal mesurant 400 mètres au kilogramme, valent 109 fr. 75 par 100 kilogrammes, et les fils de Manille mesurant aussi 400 mètres au kilogrammes 122 fr. 35, tandis que, dans nos tarifs de filature de chanvre, le fil d'étoupe de qualité supérieure, de très belle marque, mesurant 400 mètres au kilogramme, ne vaut que 119 fr. Vous voyez, Messieurs, le rapport de ces chiffres ; il me semble qu'il est frappant et qu'il justifie pleinement les propositions contenues dans nos amendements. Si je prenais pour terme de comparaison les fils de Lupis je devrais demander un droit plus élevé.

Le chanvre, Messieurs, — déjà si maltraité dans le tarif des douanes — est très concurrencé par ces textiles depuis quelques années. Le manille et le sisal viennent dans nos ports de pêche faire une concurrence considérable à nos chanvres teillés d'Angers et du Mans.

Vous avez voté l'entrée en franchise de tous les chanvres étrangers, même du chanvre peigné ; vous avez voté l'entrée en franchise de tous les textiles étrangers ; eh bien, au moins, Messieurs, veuillez bien établir une distinction, suivant leur nature et leur valeur, entre les fils produits de tous ces textiles, pour ne pas laisser introduire en France des fils fabriqués à l'étranger, qui viendront faire à notre culture du chanvre, déjà si éprouvée, ainsi qu'à l'industrie de la corderie, une concurrence véritablement ruineuse. (Très bien ! très bien ! sur un certain nombre de bancs.)

M. le Rapporteur. — Messieurs, je viens vous apporter l'avis de la Commission sur l'amendement présenté par l'honorable marquis de Carné, relativement à l'assimilation de fils de chanvre de Manille, de Lupis, d'agavé ou d'aloès, aux fils de lin et de chanvre.

Il est certain que ces produits, au point de vue de leur valeur, pourraient être assimilés au lin et au chanvre. Mais la Commission a considéré qu'il fallait examiner non seulement la valeur des textiles, mais leur usage, leur emploi.

Or le fil de lin et de chanvre est en majeure partie employé dans la fabrication des tissus. Il n'en est pas de même des fils de chanvre de Manille, de Lupis, d'agavé, etc. ; c'est surtout pour la fabrication des cordages que ces textiles sont employés.

Nous avons pensé que ce serait précisément rendre un mauvais service aux cordiers que d'élever le droit sur ces matières, et non seulement aux cordiers, mais à la marine marchande, qui se trouve, par la nouvelle loi, dans une position toute différente de celle où elle a été jusqu'ici.

En effet, sous l'empire de la loi de 1866, on pouvait importer des gréements de navire, et sous ce nom tous les cordages nécessaires à la marine, en franchise de droit. Aujourd'hui, par suite de la nouvelle législation qui date du 29 janvier 1881, la franchise est supprimée pour tous ces objets.

Il en résulte que la marine marchande devra payer des droits pour les cordages.

Le chanvre de Manille, en particulier, est d'un très grand emploi pour les cordages de la marine, et si l'on venait à élever le droit en assimilant le chanvre de Manille au lin et au chanvre d'Europe, on augmenterait le prix de revient des cordages, ce dont notre marine serait la première à souffrir.

Telles sont, Messieurs, les considérations qui ont décidé la Commission à vous proposer le rejet de l'amendement de l'honorable M. de Carné. (Très bien ! — Aux voix ! à gauche.)

M. LE MARQUIS DE CARNÉ. — Messieurs, je demande la permission de répondre quelques mots à l'honorable Rapporteur, qui prétend que c'est dans l'intérêt de la corderie même que le Sénat doit écarter les amendements que nous avons eu l'honneur de vous présenter.

Je maintiens absolument le contraire. C'est la corderie elle-même qui vous demande de faire les distinctions que je vous ai proposées tout-à-l'heure.

Remarquez, Messieurs, que vous n'avez pas imposé la matière première ; elle entrera en France, exempte de droits. Il s'agit maintenant de savoir si vous voulez que ces cordages, que ces fils qui sont fabriqués à l'étranger, entrent en France pour faire une nouvelle concurrence à notre chanvre, qui est toujours sacrifié ; et si vous voulez que nos ouvriers filent les textiles dont je vous ai parlé. (Approbation sur divers bancs.)

Voilà, selon moi, toute la question.

Nous avons défendu précédemment les intérêts de la culture du chanvre ; eh bien, c'est encore au nom de ces intérêts et en même temps au nom de l'industrie de la corderie, que je conjure le Sénat d'adopter les amendements que j'ai eu l'honneur de lui soumettre. (Marques d'adhésion.)

M. LE MINISTRE DU COMMERCE. — Le Gouvernement est d'accord avec la Commission pour maintenir les droits qu'elle propose, Monsieur le Président,

M. LE PRÉSIDENT. — Je consulte d'abord le Sénat sur la question de l'assimilation aux fils de chanvre, puisque, si cet amendement n'est pas adopté, l'autre n'aura plus d'objet.

Je donne lecture de l'amendement ;

« Fils de chanvre de Manille, de Lupis, de la Nouvelle Zélande, de sisal, d'abaca, d'aloès, de fibres d'aloès et autres végétaux filamenteux non dénommés, purs ou mélangés, le manille. etc., dominant en poids, mêmes droits que les fils de chanvre. »

(L'amendement n'est pas adopté.)

M. LE PRÉSIDENT. — Dans ces conditions, l'amendement sur le n° 339 n'a plus d'objet.

Je mets aux voies la rédaction proposée par le Gouvernement.

« N° 339. — Fils de phormium tenax, d'abaca et d'autres végétaux filamenteux non dénommés, purs ou mélangés, le phormium, l'abaca, etc., dominant en poids, mêmes droits que les fils de jute. » — (Adopté.)

M. LE PRÉSIDENT. — De même qu'après avoir voté sur les fils de lin nous avons passé aux tissus de lin; de même, après avoir voté sur les fils de jute, nous abordons maintenant les tissus fabriqués avec ce textile :

« N° 359. — Tissus de jute pur. »

Le vote de ce tarif n'occupe qu'une demi colonne du journal officiel, puis on passe aussitôt à la discussion du tarif de la corderie, sans que rien eut fait prévoir cette nouvelle interversion de numéro.

M. LE PRÉSIDENT. — Nous revenons aux fils de coton.

M. LE RAPPORTEUR. — Ne devrions-nous pas, Monsieur le Président, discuter maintenant sur les numéros relatifs aux cordages de lin ou de chanvre? Nous pourrions ainsi en finir avec tout ce qui a rapport anx matières filamenteuses végétales.

Il y a également les cordages et les ficelles de sparte et autres, ainsi que les filets de pêche, qui font l'objet des n°s 338 et 339, dont M. Dupuy de Lôme est rapporteur, et qui viendraient plus utilement en discussion ici.

M. LE MARQUIS DE CARNÉ. — A quoi bon intervertir sans cesse l'ordre du tarif !

M. LE RAPPORTEUR. — C'est le n° 538 que je propose de voter à présent, Monsieur le Président.

M. LE PRÉSIDENT. — Quelqu'un s'oppose-t-il à ce que le Sénat aborde maintenant la discussion du n° 538 ?

M. LE MARQUIS DE CARNÉ. — Je demande qu'on suive l'ordre indiqué dans le projet de la Commission.

M. LE PRÉSIDENT. — M. le marquis de Carné fait observer qu'il vaudrait mieux continuer l'ordre du tableau et revenir ensuite au n° 538.

M. LE GÉNÉRAL ROBERT. — La Commission a eu des raisons pour adopter cet ordre; quelles sont celles que l'on donne pour en changer ?

M. LE RAPPORTEUR. — Notre raison, c'est que, pour chaque matière, nous prenons les tissus après les fils. Il n'y en a pas d'autre.

Un sénateur. — Cela n'a aucun intérêt !

M. LE PRÉSIDENT. — La Commission insiste-t-elle ?

M. LE RAPPORTEUR. — Oui, Monsieur le Président.

M. DUPUY DE LÔME. — Je demande la parole.

M. LE PRÉSIDENT. — La Commission insiste. La parole est à M. Dupuy de Lôme.

M. DUPUY DE LÔME, *rapporteur*. — Messieurs, je crois qu'il vaut mieux discuter sans interruption les parties du tarif qui se rapportent au même ordre d'idées. Or, les droits à imposer sur les cordages doivent être nécessairement en rapport avec ceux que vous venez de voter sur les fils. Nous avons, sur cet article, une observation à faire. Nous avons été obligés d'accepter une certaine réduction sur les droits que la Commission avait proposés pour les cordages, en raison même de la réduction qu'avait votée le Sénat sur les fils qui servent à les confectionner. Par conséquent, laisser passer un délai de quelques jours peut-être entre les débats qui doivent porter sur deux articles ne me paraît pas sans inconvénient. Nous avons proposé un droit de 18 fr. 50 sur les cordages dont les fils simples mesurent 500 mètres et au-dessous et des droits de 25 et de 30 fr. sur ceux dont les fils simples mesurent de 501 mètres à 2,000, puis de 2,001 mètres à 5,000. Or, les droits sur les fils simples ont été réduits, excepté pour la première catégorie, c'est-à-dire que le chiffre de 16 fr. a été maintenu pour les fils simples mesurant moins de 500 mètres au kilogramme. Par conséquent, la Commission ne propose pas de modification de droit quant aux cordages confectionnés avec les fils de 500 mètres et au-dessous.

Mais il nous paraît rationnel d'accepter comme conséquence du premier vote une réduction de droits sur les cordages dont le fil simple dépasse la longueur indiquée ci-dessus.

Donc, dans le tableau relatif aux cordages, la Commission propose des droits de 3 fr. 75 pour les cordages de sparte, de tilleul et de jonc ; de 18 fr. 50 pour les cordages mesurant par kilogramme de fil simple 500 mètres et au-dessous et de 22 fr. 50 pour ceux mesurant de 500 à 5,000 mètres.

En même temps, en raison du vote qui vient d'être émis tout à l'heure relativement aux fils polis que l'on a renvoyés dans la classe des ficelles, il faudrait modifier l'entête. « Cordages et ficelles », de la manière suivante :

Au lieu de « Cordages et ficelles » écrire « Cordages, fils polis et ficelles ».

Avec cet entête ainsi modifié, et la modification de droit que je viens d'indiquer, la Commission et le Gouvernement sont d'accord.

M. LE GÉNÉRAL ROBERT, *de sa place*. — Les explications de chiffres qui viennent d'être données verbalement prouvent, puisqu'il y a des changements très notables dans les tarifications qui viennent d'être adoptées pour les fils, qu'il serait absolument nécessaire, avant de passer à la discussion du tarif des cordages, de lire demain ces explications à l'*Officiel*.

Sur un grand nombre de bancs. — Non ! non !

M. LE GÉNÉRAL ROBERT. — Par conséquent, si on n'intervertissait pas l'ordre adopté dans le rapport de la Commission, et si on s'occupait d'abord de tous les fils, puis de tous les cordages et de tous les tissus... (Protestations.)

Un sénateur à gauche. — On vient de vous expliquer les motifs de l'interversion ! (Bruit.)

M. LE GÉNÉRAL ROBERT. — Si on n'intervertissait pas dans la discussion cet ordre adopté dans les tableaux du tarif, toutes les choses se passeraient comme elles doivent se passer... (Interruptions.)

M. LE PRÉSIDENT. — Puisqu'un membre du Sénat insiste pour le maintien de l'ancien ordre, je vais être obligé de consulter le Sénat.

Au banc de la Commission. — Non ! non !... (Bruit.)

M. LE GÉNÉRAL ROBERT. — Pourquoi changer l'ordre qui paraît avoir été adopté par la Chambre des Députés, et qui a été admis dans les tableaux que la Commission sénatoriale a mis sous nos yeux ?

Un sénateur à gauche. — On vient de vous le dire !

M. LE GÉNÉRAL ROBERT. — ... alors qu'il s'agit d'expliquer des chiffres qu'on entend pour la première fois à la tribune et qu'on ne peut avoir sous les yeux que dans le *Journal officiel*.

M. LE MINISTRE DE L'AGRICULTURE ET DU COMMERCE. — Je demande la parole.

M. LE PRÉSIDENT. — La parole est à M. le Ministre.

M. LE MINISTRE. — Messieurs, je n'ai qu'un mot à répondre. L'honorable général Robert parle de l'ordre suivi par la Chambre des Députés. Je lui fais remarquer que c'est précisément cet ordre qui a été suivi au Sénat.

On a inscrit au tarif tous les fils et tous les tissus de quelque nature qu'ils soient, puis les cordages viennent

à la suite après une série d'autres ouvrages; mais ce n'est pas une raison, parce que l'ordre du tarif est ainsi établi, pour que l'ordre de la discussion, qui a été adopté par la Commission d'accord avec le Gouvernement, ne soit pas parfaitement logique. Il a été suivi par le Sénat depuis le commencement de la discussion. On a commencé par les fils de lin et de chanvre; puis on a passé aux tissus de lin et de chanvre, et on a fini par la corderie, qui comprend des articles dans la composition desquels entre le lin, le chanvre et le jute.

Il y a donc là un enchaînement très logique dans l'ordre de la discussion, en ce qui concerne le fond.

L'honorable M. Dupuy de Lôme vient de dire que, pour la légère modification introduite dans le tarif de la corderie, la Commission a dû mettre son tarif d'accord avec le vote que le Sénat vient d'émettre tout à l'heure. Antérieurement à ce vote, la Commission avait opéré un léger relèvement de droit sur les fils simples, relèvement qui avait eu sa répercussion sur les cordages. Mais la surélévation n'a pas été maintenue sur les fils simples, et la Commission a dû revenir au chiffre proposé par le Gouvernement. La situation est donc excessivement simple, et je pense que le Sénat peut voter dès à présent.

M. le Président. — Maintenez-vous votre demande, monsieur le général Robert?

M. le général Robert. — Oui, monsieur le Président, car ceux qui auraient pu avoir des amendements à proposer ne devaient pas s'attendre à ce que la discussion prît cette tournure. (Bruit à gauche.)

M. le Président. — M. le général Robert insistant, je consulte le Sénat sur la question de savoir s'il veut aborder immédiatement la discussion des articles 538 et 539.

(Le Sénat décide qu'il passe à la discussion des nᵒˢ 538 et 539.)

M. le Président. — Je donne lecture du nᵒ 538. Le Gouvernement et la Commission se sont mis d'accord pour présenter une rédaction nouvelle ainsi conçue :

« Cordages, fils polis et ficelles :

« De sparte, de tilleul et de jonc, 3 fr. 75.

« Autres mesurant, par kilog. de fil simple :

« 500 mètres et au-dessous, 18 fr. 50.

« De 501 m. à 5,000 mètres, 22 fr. 50 [1].

« Plus de 5,000 m., droit du fil retors suivant l'espèce du filament et l'état du fil. »

Il y a sur ce numéro un amendement présenté par MM le marquis de Carné et le général Robert.

Voici en quels termes il est conçu :

« N° 538 du répertoire. »

Au lieu de :

« Cordages et ficelles :

« De sparte, de tilleul et de jonc, 3 fr. 75.

« Autres mesurant, par kilog. de fil simple :

« 500 mètres et au-dessous, 18 fr. 50.

« De 501 mètres à 2,000 mètres, 25 fr.

« De 2,000 mètres à 5,000 mètres, 30 fr.

« Plus de 5,000 mètres, droit du fil retors suivant l'espèce du filament et l'état du fil »,

Mettre :

« Cordages et ficelles :

« De sparte, de tilleul et de jonc, 3 fr. 75.

« Autres mesurant, par kilog. de fil simple :

« 500 mètres et au-dessous, 18 fr. 50.

« De 501 mètres à 2,000 mètres, 27 fr.

« De 2,001 mètres à 5,000 mètres, 32 fr.

« Plus de 5,000 mètres, droit du fil retors suivant l'espèce du filament et l'état du fil.

« *Nota.* Ficelles blanchies ou teintes, 30 p. 100 en plus du droit des ficelles non teintes.

« Ficelles simples ou câblées, blanchies, teintes ou non teintes. Même régime que les ficelles blanchies, teintes ou non teintes. »

M. le marquis de Carné a la parole.

---

[1] Nous verrons, page 107, comment M. le PRÉSIDENT, par distraction, fera voter la classification « de 501 m. à 2000 m. » au lieu de « 501 m. à 5000 mètres. »

M. LE MARQUIS DE CARNÉ. — Par suite des changements qui viennent d'être faits aux chiffres qui avaient servi de base à l'amendement dont vous a donné lecture M. le Président, je me vois dans la nécessité de ne pas le discuter. Non seulement les combinaisons qui ont été présentées sont loin de me donner satisfaction, mais elles diminuent encore des chiffres proposés par la Commission et sur lesquels je demandais une augmentation. Il m'est absolument impossible, dans ces conditions, de discuter devant le Sénat sur les chiffres qui viennent d'être votés, chiffres que nous avons à peine entendus, et que je ne me rappelle même pas, comme on l'a dit; cette interversion dans l'ordre des numéros du travail de la Commission est très regrettable : elle me met dans la nécessité de retirer, pour le moment, l'amendement que j'avais présenté, et qui avait pour but d'augmenter les chiffres qu'avait proposés la Commission et qu'elle vient elle-même de réduire [dans des proportions si considérables et d'une façon aussi inattendue.

M. LE MINISTRE. — Je fais remarquer que le chiffre en discussion est celui du projet même du Gouvernement. Par conséquent, tout le monde peut l'avoir sous les yeux.

M. LE MARQUIS DE CARNÉ. — Le chiffre en discussion n'est pas le même que le chiffre proposé par la Commission, qui a changé d'avis, ce que j'ignorais absolument. Voilà ce que j'avais à faire remarquer au Sénat; et encore une fois, du moment que la discussion de mon amendement se présente dans des conditions auxquelles je ne devais pas m'attendre, d'après l'ordre établi par la Commission et les propositions qu'elle nous avait soumises dans son rapport, je me suis vu dans la nécessité de retirer pour le moment cet amendement.

M. LE PRÉSIDENT. — L'amendement de M. de Carné est retiré. M. Huguet en a présenté un autre dont voici les termes :

« Nº 538. — Cordages et ficelles...

« Autres, mesurant par kilog. de fils simple 500 mèt. et au-dessous, 18 fr. 50 les 100 kilog.

« Remplacer le droit de 18 fr. 50 par celui de 15 fr. les 100 kilog.

La parole est à M. Huguet.

M. Huguet.—Messieurs, l'amendement que j'ai déposé a pour but d'alléger, dans la mesure du possible, les charges énormes qui pèsent sur l'industrie des pêches maritimes par suite de l'application de la loi du 29 janvier 1881 sur la marine marchande.

Cette loi, par son article 7, abroge la loi du 19 mai 1866, elle supprime le régime de l'admission en franchise des objets destinés aux constructions navales et, par suite, à la pêche. Cette abrogation fait une situation déplorable aux pêches maritimes. Vous allez en saisir l'importance.

Rien que pour le quartier maritime de Boulogne, le produit des pêches s'est élevé, en 1879, à 10 millions de francs sur 36 millions pour tous les ports de pêche de France.

Le quartier maritime de Boulogne compte 326 bâtiments qui se livrent à la pêche. Sur ce nombre, il y a 191 lougres et 6 navires. L'on évalue, en moyenne, à 200 bâtiments, jaugeant de 50 à 55 tonneaux, le nombre des bâtiments faisant la pêche du hareng et du maquereau.

Dans le quartier maritime de Boulogne, on compte 5,000 matelots inscrits. Sur ce chiffre, 3,500 marins à peu près se livrent à la pêche du hareng, et 1,200 à la pêche du maquereau ; c'est vous dire qu'il y a, sur nos côtes, une population très considérable qui pêche le poisson de mer.

Voici le décompte du prix de revient d'un bateau de pêche :

La construction, y compris la coque, la mâture, les voiles, la machine à vapeur, s'élève à 26,000 fr.

L'armement, avec 200 filets à bord et 200 filets de rechange, se monte à 18,000 fr.; le gréement en ce compris, les cordages de mâture, les haussières, les barsoins, etc., ne coûte pas moins de 6,000 fr., soit en totalité

50,000 fr. — Or, les cordages en chanvre de Manille valent de 120 à 130 fr. les 100 kilogrammes. Les 6,000 fr. de cordages nécessaires à l'armement d'un bateau de pêche représentent, en poids, environ 5,000 kilogr., et, comme le gréement dure en moyenne trois ans, il en résulte que chaque bateau consomme annuellement 1,600 kilog. de cordages.

Or, au droit de 18 fr. 50 que propose la Commission, cela représente 300 fr. par bateau ; et, comme un bateau de 50 tonneaux est monté par 16 hommes d'équipage et un patron, le droit proposé équivaut à un impôt annuel de 17 fr. 60 par homme ; au droit de 15 fr. que je vous propose, l'impôt serait réduit à 14 fr. 10, c'est-à-dire d'environ 3 fr.

Ce droit, tout réduit qu'il est, n'est-il pas encore excessif ? Je ne sache pas qu'il y ait une industrie en France qui laisse peser sur les ouvriers une charge aussi considérable.

On peut objecter que les pêcheurs jouissent de la prime à la construction. Cette prime pour les navires au-dessous de 200 tonneaux de jauge est de 10 fr. par tonneau. Pour les bateaux de pêche dont je parle, la prime serait dès lors de 550 fr.

Or, un bateau de pêche dure de douze à quinze ans, quelques-uns même jusqu'à dix-huit ans. En prenant la moyenne de dix à douze ans, la prime est de 50 fr. par an. Cette somme, répartie entre les dix-sept hommes d'équipage, rapporterait 3 fr. à chacun.

Or, ces 3 fr. sont loin de compenser les avantages de la franchise à la construction, en dehors du gréement et de l'armement.

La loi sur la marine marchande depuis qu'elle est appliquée dans nos ports de pêche donne lieu, je ne crains pas de le dire, à bien des plaintes.

Elle est fort mal accueillie par la population maritime, elle est impopulaire... (Dénégations sur un certain nombre de bancs.) ... la loi de la marine marchande, je le répète, est impopulaire. On ne connaît bien une loi que par ses effets. Or, la loi sur la marine marchande profite aux marins qui voyagent au long cours, mais elle ne profite pas au cabotage, elle ne profite pas du tout aux pêcheurs. Les pêcheurs se trouvent dans cette situation qu'avant la loi sur la marine marchande, ils ne payaient rien, puisqu'ils jouissaient de la franchise, et actuellement, quelque faible que sera le droit que l'on mettra, il paraîtra toujours élevé.

Dans l'hypothèse de l'adoption du droit de 15 fr. que je propose, la charge qui résultera de cet impôt pour les pêcheurs sera encore augmentée du droit sur les filets de coton que la Commission et le Gouvernement demandent à porter à 70 fr. ; ce droit sera prohibitif. La population qui se livre à la pêche est intelligente, très active, très laborieuse, et, bien plus que les marins au long cours, nos marins supportent le poids de l'inscription maritime. Ne faisant que de courtes absences en mer, ils sont toujours à la disposition du commissaire de l'inscription maritime ; aussi bien que les autres marins, que les ouvriers de toutes les industries, ils ont droit à la bienveillance et à la sollicitude du Gouvernement et du Parlement.

Peut-on faire passer, je vous le demande, une industrie qui jouissait de la franchise absolue à un régime nonveau sans transition ; cependant c'est ce qui arrive. L'industrie de la pêche n'avait aucun droit à payer à la construction, au gréement et à l'armement, et rien que pour les cordages vous allez faire payer à chaque homme d'équipage, l'équivalent d'nn impôt de 17 fr. Rien que ce chiffre doit vous montrer combien il est excessif.

On dira à cela : Mais vous allez nuire à l'industrie de la corderie !

La corderie a le même intérêt que la pêche ; si celle-ci n'est pas prospère, l'industrie de la corderie en ressentira le contre-coup.

C'est pour ces raisons que je vous demande de vouloir bien réduire la taxe au plus bas chiffre possible, et si vous n'acceptez pas le chiffre de 15 fr. que je demande, au moins prenez le droit de 16 fr., qui est le prix du fil simple que vous avez voté.

M. Dupuy de Lôme, *rapporteur*. — Les considérations qui viennent de vous être présentées par l'honorable M. Huguet exigent une réponse. Et tout d'abord il est incontestable que si l'on ne considère que l'intérêt que nous portons tous aux pêcheurs, la loi nouvelle sur la marine marchande n'a pas été un bienfait, je le veux bien. La situation de la marine marchande a été améliorée par la loi récente, au point de vue de la navigation au long cours ; mais il est incontestable que cette loi, qui n'avait pour but que de rendre la prospérité à notre navigation au long cours, n'a pas visé les pêcheurs et qu'elle les a même un peu frappés ; je le regrette, mais voici comment elle les a frappé sans le vouloir.

Dans l'ancienne législation, tout le matériel destiné non seulement aux constructions neuves, mais à l'entretien des navires, entrait en franchise de droit ; dans la nouvelle législation on a supprimé l'introduction en franchise pour le materiel non seulement destiné aux constructions neuves, mais encore à l'entretien ; et en effet il n'y avait pas de distinction possible entre le matériel pour les constructions neuves et celui destiné à l'entretien des navires.

On ne peut pas admettre qu'une critique faite à la loi soit fondée sur cette question de savoir si on aurait dû faire une exception dans l'abrogation des anciens articles de loi permettant l'introduction en franchise des matériaux et agrès destinés aux constructions navales en maintenant cette importation en franchise pour les agrès destinés à l'entretien des navires ; cette distinction ne paraît pas possible. En tout cas, s'avancer plus loin sur ce sujet serait en ce moment, écarter le Sénat de l'objet qu'il a en vue, le tarif des douanes.

La loi sur la marine marchande a eu pour effet d'améliorer la situation de la marine au long cours ; elle n'a pas touché au grand cabotage, ni au petit cabotage ; elle n'a pas touché à la pêche, qui est une navigation réservée et primée d'une autre façon, soit directement pour la grande pêche, soit par le droit considérable sur les poissons salés.

La loi nouvelle sur la marine marchande ne pouvait pas avoir pour but de toucher à la législation relative aux pêches, et ce serait une grave erreur de dire que, d'une manière générale, la loi dont l'influence se fait déjà si énergiquement sentir, en activant nos armements et nos constructions navales pour le long cours, est mal vue dans nos ports...

M. HUGUET. — Dans nos ports de pêche la loi est fort mal accueillie.

M. ANCEL. — C'est inexact !

M. LE RAPPORTEUR. — Je ne puis admettre l'assertion de l'honorable M. Huguet qu'au point de vue d'un intérêt spécial froissé par la suppression de l'admission des agrès en franchise pour l'entretien courant.

Je suis d'ailleurs très désireux de voir faire ce qui sera possible pour obvier à cet inconvénient. Ce que je puis ajouter, c'est que, par une loi spéciale, il sera peut-être possible de venir en aide anx marins pêcheurs pour améliorer la situation que la loi nouvelle leur a faite; mais il est impossible, dans un tarif des douanes, de faire ce qu'une loi spéciale seule pourrait faire.

Je n'engage pas la question, mais je ne la repousse pas non plus.

Nout faisons aujourd'hui un tarif des douanes, et quand nous mettons un droit de 16 fr. sur le fil de caret destiné à faire des cordages, pouvons-nous mettre un droit de 15 fr. sur les cordages confectionnés? Cela n'est pas possible. On a toujours admis que la matière confectionnée paierait un droit un peu plus élevé que la matière non ouvrée.

En faisant une différence de 2 fr. 50 entre le droit sur les fils de caret et celui sur les cordages confectionnés, nous restons dans une juste mesure, et je ne crois pas que l'on ne fasse trop en cela pour la corderie française qui a aussi son intérêt, et que nous avons raison de ne pas laisser périr.

La différence de 2 fr. 50 ne me paraît pas trop grande entre le droit du fil de caret et celui du cordage confectionné.

M. Huguet. — Je n'ai qu'un mot à dire, c'est que la corderie vivait sous le régime de la franchise avec un tarif conventionnel de 15 fr. C'est le prix que je propose; si la corderie vivait sous le régime de la franchise, elle peut bien vivre avec un droit de 15 fr. les 100 kilogr.

M. le marquis de Carné. — Non, elle ne peut pas vivre !

M. le Rapporteur. — Elle vivait mal, et la culture du chanvre souffrait; il s'introduisait en France jusqu'à 2 millions de kilog. de cordages confectionnés, non seulement pour les besoins des constructions navales faites en France et pour ceux de l'entretien courant, mais par l'admission au droit de 2 fr. par tonneau des navires construits et gréés à l'étranger qui entraient en France et apportaient leur gréement tout confectionné, en place sur leur mâture, et souvent des rechanges pour deux et trois ans de gréement dans la cale. Il entrait en France pendant chacune des dernières années, des cordages se montrant ostensiblement à la douane, à peu près à 600,000 kil. et ceux qui, faisant partie des navires étrangers francisés, ne figurent pas sur les états des douanes, formaient par année un poids d'environ 1,800,000 kilogr., j'affirme le fait, il entrait en France des cordages tout confectionnés, pour près de 2,400,000 kilog. par an. Ce n'était une situation bonne ni pour la corderie française ni pour la culture du chanvre en France.

En fin de compte ne revenons pas en arrière. Nous venons de voter les droits sur les fils de chanvre; les fils de caret payant un droit de 16 fr., je demande si celui de 18 fr. 50 est excessif sur les cordages confectionnés. Je ne le pense pas.

M. le Président. — Je consulte le Sénat sur l'amendement de M. Huguet.

(L'amendement mis aux voix, n'est pas adopté).

M. le Président. — Je reviens au chiffre du Gouvernement.

« N° 538. — Cordages, fils polis et ficelles :

« De sparte, de tilleul et de jonc, 3 fr. 75. » — (Adopté.)

« Autres, mesurant par kilogr. de fil simple :

« 500 mètres et au-dessous, 18 fr. 50. » — (Adopté.)

« De 501 à 2,000 mètres, 22 fr. 50. » — (Adopté.)

« Plus de 2,000 mètres, droit du fil retors suivant l'espèce du filament en l'état du fil. » — (Adopté.) [1]

Seconde délibération sur le projet de loi relatif à l'établissement du tarif général des douanes.

CHAMBRE DES DÉPUTÉS.

Extrait de la séance du 26 mars 1881.

M. TIRARD, *ministre de l'agriculture et du commerce.* —
« J'ai l'honneur de déposer sur le bureau de la Chambre, le projet de loi, adopté par la Chambre des Députés, adopté avec modification par le Sénat, concernant l'établissement du tarif général des Douanes.

« Je demande à la Chambre de vouloir bien déclarer l'urgence. »

(L'urgence est mise aux voix et prononcée.)

« M. LE PRÉSIDENT. — Le projet de loi sera imprimé, distribué et envoyé à la Commission qui en avait été précédemment saisie. »

La Commission convoquée d'urgence s'est réunie dès le lundi 28 mars et a délibéré bien que moins de la moitié des membre fussent présents.

Le rapport a été déposé, sur le bureau de la Chambre le jeudi 31 mars, par M. MÉLINE, qui en a donné lecture séance tenante, après quoi la Chambre a décidé que la

---

[1] Ici M. le PRÉSIDENT a une distraction. Il avait dit quelques instants auparavant (voir page 99) : « le Gouvernement et le Commission « se sont mis d'accord pour présenter une rédaction nouvelle, etc. » En ce moment, au lieu de lire la nouvelle rédaction, il fait voter l'ancien projet du Gouvernement. On vote, personne n'aperçoit la distraction : elle prendra force de loi.

discussion du tarif serait mise en tête de l'ordre du jour du samedi suivant. Nous couperons, dans cette discussion, ainsi que dans la seconde délibération du Sénat les quelques passages qui ont trait à la question de l'industrie chanvrière.

Extrait de la séance du samedi 2 avril 1881.

Filaments, tiges et fruits à ouvrer.

« N° 133. — Jute en brins, teillé, tordu ou peigné.

« N° 135. — Phormium tenax, abaca et autres filaments végétaux bruts, teillés, tordus, peignés ou en étoupes, exempts. »

« *Nota.* — Ne sont considérés comme tordus que les filaments n'ayant subi dans les pays hors d'Europe que la torsion nécessaire pour les besoins du transport ». .

. . . .

N° 337. — Après le tarif de la filature de chanvre on lit :

« Les fils polis au-dessous de 2,000 mètres, sont assimilés aux ficelles, et au-dessus de 2,000 mètres aux fils de lin ou de chanvre blanchis ou teints, soit simples, soit retors [1] » . . . .

. . . .

M. LE PRÉSIDENT. — « N° 538. — Cordages, fils polis et ficelles, autres mesurant par kilogramme de fil simple, 501 mètres à 2,000 mètres, 22 fr. 50 les 100 kil.

« Mesurant par kilogramme de fil simple, plus de 2,000 mètres, droit du fils retors, suivant l'espèce du filament et l'élat du fil. »

M. MÉLINE. — Au lieu de : « Droits du fil retors, suivant l'espèce du filament et l'état du fil », nous proposons, d'accord avec le Gouvernement, cette rédaction : « Droits des fils retors de lin et de chanvre. »

---

[1] Cette rectification a pour but de faire entrer définitivement la distraction de M. Léon Say dans le Tarif général des Douanes. M. Méline en tire partie très habilement. Elle lui sert à relever les droits des fils retors polis de 22 fr. 50 à 30 fr. 42. Les cordiers approuvent ce relèvement, tout en regrettant de ne plus voir au Tarif de la Corderie (où c'était leur véritable place), les ficelles de 2000 à 5000 m. La statistique des importations et des exportations y perdra en précision.

M. le Président. — Je mets aux voix le numéro 538 ainsi modifié.

(Le n° 538, modifié, est mis aux voix et adopté.)

« N° 539. — Filets de pêche, 20 fr. les 100 kil. » — (Adopté.)

SÉNAT.

Le projet de loi a été déposé par M. Tirard sur le bureau du Sénat le lundi 4 avril.

Urgence déclarée. — Renvoi à la Commission.

M. Feray, *rapporteur général de la Commission*, après examen de la Commission, a déposé le rapport sur ce projet de loi dans la séance du jeudi 7 avril et il en a donné lecture immédiatement.

Sur la demande de M. Pâris la discussion a été fixée au lendemain.

Extrait du rapport de M. Feray. — Séance
du jeudi 7 avril 1881.

Le tarif général des douanes se compose de 647 articles; vous en avez modifié 76 dans le projet adopté primitivement par la Chambre des Députés; de ces 76 modifications, la Chambre des députés en a, dans sa séance du 2 avril, adopté sans changements 49, etc. . . . . . .

. . . .

N° 337. — Fils de lin et de chanvre.

N° 538. — Il n'y a pour le premier article qu'un changement dans la rédaction, pour le second, qu'une meilleure application du droit.

Extrait de la séance du vendredi 8 avril 1881.

Fils de lin ou de chanvre.

« N° 337. — Les fils polis au-dessous de 2,000 mètres sont assimilés aux ficelles, et au-dessus de 2,000 mètres, aux fils de lin ou chanvre, blanchis ou teints, soit simples, soit retors. » — (Adopté.) [1].

---

[1] Ce vote du Sénat est une approbation du vote de la Chambre portant de 22 fr. 50 à 30 fr 42 les droits des fils retors polis de 2000 à 5000 mètres. M. le marquis de Carné proposant 32 fr pour cette catégorie avait vu la Commission du Sénat se rabattre brusquement du droit de 30 fr. qu'elle poposait dans le rapport de M. Dupuy de Lôme, au droit de 22 fr. 50. Elle répare en ce moment son erreur.

Ouvrages de sparterie, de vannerie et de corderie.

« N° 538. — Cordages, fils polis et ficelles ; autres
mesurant par kilogramme de fil simple, plus de 2,000 m.
droits des fils retors de lin et de chanvre. » — (Adopté.)

M. LE PRÉSIDENT. — Je consulte le Sénat sur l'ensemble
de la loi.

(L'ensemble de la loi, mis aux voix, est adopté.

PROMULGATION DE LA LOI

RELATIVE A L'ÉTABLISSEMENT DU TARIF GÉNÉRAL DES DOUANES.

Le *Journal officiel* du 8 mai donne à sa première page
le texte de la loi relative à l'établissement du tarif général des douanes, promulgée par le Président de la République et contresignée par le Ministre de l'agriculture et
du commerce.

« Le tarif général relatif à l'importation et à l'exportation est établi conformément aux tableaux A et B,
annexés à la présente loi » dit l'article premier.

Afin de vous permettre de suivre les modifications
apportées au tarif de l'industrie chanvrière, pendant la
première discusssion au Sénat et par la seconde délibération à la Chambre des Députés et au Sénat, nous allons
extraire des tableaux A, B du tarif général les articles
déjà cités dans les tableaux comparatifs du rapport
général de M. Pouyer-Quertier. « Ce tarif général, » dit
le journal *L'industrie française*, du 26 mai 1881. « aux
« termes de la loi de juillet 1879, ne sera appliqué aux
« nations avec lesquelles nous avons des conventions
« commerciales que six mois après sa promulgation, à
« moins que, d'ici là, de nouveaux traités de commerce
« aient été conclus. Le Gouvernement a donc jusqu'au
« 8 novembre prochain pour régulariser cette situation. »

Tableaux annnexés à la loi relative à l'établissement du Tarif général des douanes

Tableau A. — TARIF D'ENTRÉE

Nos DES ARTICLES	DÉNOMINATION DES ARTICLES.	DROITS.
		les 100 kil.
	Filaments, tiges et fruits à ouvrer.	—
131	Coton en laine ou non égrené................	Ex
	— en feuilles cardées et gommées (ouate).	10 »
132	Lin et chanvre bruts, teillés, poignés ou en étoupes........................	Ex.
133	Jute en brins, teillé, tordu ou peigné (*a*)......	Ex.
134	Phormium tenax, abaca et autres filaments végétaux bruts, teillés, tordus, peignés ou en étoupes (*b*)	Ex.
135	Joncs et roseaux bruts.....................	Ex.
136	Ecorces de tilleul pour cordages.............	Ex.
137	Coques de coco, calebasses vides et grains durs à tailler...............................	Ex.
	Fils.	
	Fils de lin ou de chanvre.	
337	Fils simples, écrus, mesurant au kilogramme :	
	2.000 mètres ou moins.............	16 »
	Plus de 2.000 pas plus de 5.000 mètres.....	18 »
	— 5.000 — 10.000 —	23 »
	— 10.000 — 20.000 —	33 »
	— 20.000 — 30.000 —	40 »
	— 30.000 — 40.000 —	50 »
	— 40.000 — 60.000 —	70 »
	— 60.000 — 80.000 —	99 »
	— 80.000 — 100.000 —	149 »
	— 100.000 mètres......................	200 »
	(Les fils polis, au-dessous de 2.000 mètres, sont assimilés aux ficelles, et au dessus de 2.000 mètres, aux fils de lin ou de chanvre blanchis ou teints, soit simples, soit retors.)	
	Fils simples, blanchis ou teints	Droits des fils simples écrus augmentés de 30 0[0.
	Fils retors, écrus..........................	
	Fils retorts, blanchis ou teints..............	Droits des fils simples, blanchis ou teints. augmentés de 30 0[0.

(*a*) Ne seront considérés comme tordus que les filaments n'ayant subi dans les pays hors d'Europe que la torsion nécessaire pour les besoins du transport.

(*b*) On ne considère comme produits des colonies et possessions françaises que ceux importés directement.

N^{os} DES ARTICLES	DÉNOMINATION DES ARTICLES.	DROITS.
	Fils de lin ou de chanvre mélangés, le lin cu le chanvre dominant en poids............	Mêmes droits que les fils de lin ou de chanvre pur, selon l'espèce et la classe.
	Fils de jute pur.	
338	Fils de jute purs écrus, mesurant au kilogramme :	
	— moins de 1.400 mètres................	6 25
	— de 1.400 mètres à 3.700 mètres exclusiv.	7 50
	— de 3.700 mètres à 4.200 mètres exclusiv.	8 75
	— de 4.200 mètres à 6.000 mètres inclusiv.	12 50
	— plus de 6.000 mètres................	Mêmes droits que les fils de lin ou de chanvre, selon la classe.
	Fils de jute purs, blanchis ou teints, mesurant au kilogramme :	
	— moins de 1.400 mètres................	8 75
	— de 1.400 mètres à 3.700 mètres exclusiv.	11 »
	— de 3.700 mètres à 4.200 mètres exclusiv.	12 50
	— de 4.200 mètres à 6.000 mètres inclusiv.	17 50
	— plus de 6.000 mètres................	Même régime que les fils de lin ou de chanvre.
	Fils de jute mélangés, le jute dominant en poids..............................	Mêmes droits que les fils de jute pur.
339	Fils de phormium tenax, d'abaca et d'autres végétaux filamenteux non dénommés, purs ou mélangés, le phormium, l'abac, etc., dominant en poids...................	Mêmes droits que les fils de jute.
538	Cordages, fils polis et ficelles : de sparte, de tilleul et de jonc..................	3 75
	— autres mesurant par kilog. de fil simple 500 mètres et au-dessous............	18 50
	— autres mesurant par kilog. de fil simple, de 501 mètres à 2.000............	22 50
	— autres mesurant par kilog. de fil simple, plus de 2.000 mètres.,............	Droits des fils retors de lin ou de chanvre.
539	Filets de pêche....................	20 »

Tableau C

Surtaxes applicables aux produits d'origine extra-européenne importés d'un pays d'Europe.

610	Coton de l'Inde en laine ou non égrené.......	Ex.
611	Jute, aloès, phormium tenax, abaca, fibres de coco et autres végétaux filamenteux, sauf le coton, bruts, teillés, tordus ou en torsades, peignés ou en étoupes, propres à la sparterie	Ex.

TARIF GÉNÉRAL DES DOUANES DE FRANCE

Les tableaux annexés à la loi du 7 mai 1881 sur le Tarif général des Douanes sont sommaires ; c'est-à-dire qu'ils ne donnent pas en chiffres les droits de tous les articles. L'Administration des Douanes, pour compléter ces tableaux et afin d'éviter toute équivoque, a publié à l'imprimerie Nationale le Tarif général des Douanes de France. *Nous en donnons des extraits pour ce qui concerne le chanvre, la filature et la corderie.*

(Page 21 du Tarif général)

MATIÈRES VÉGÉTALES.	UNITÉS sur LESQUELLES portent les droits.	TITRES de PERCEPTION.	DROITS (décimes et 4 p. 0|0 compris)			
			PRODUITS D'ORIGINE EUROPÉENNE		PRODUITS D'ORIGINE EXTRA-EUROPÉENNE	
			importés directement du pays de production.	importés d'ailleurs que du pays de production.	importés directement d'un pays hors d'Europe.	importés des entrepôts d'Europe.
Filaments, tiges et fruits à ouvrer.			fr. c.	fr. c.	fr. c.	fr. c.
Coton (195) { non égrené { de l'Inde, par mer ** *et* par terre	100 kil. N.	7 mai 1881.	—		Exempt.	
d'ailleurs, par mer ** *et* par terre	100 kil. N.	*Idem.*	Exempt.	3.00	Exempt.	3.60
en laine { de l'Inde, par mer ** *et* par terre	100 kil. B.	*Idem.*	—		Exempt.	
d'ailleurs, par mer ** *et* par terre	100 kil. B.	*Idem.*	Exempt.	0.75	Exempt.	3.60
en feuilles cardées *et* gommées (*Ouate*)	100 kil. B.	*Idem.*	10.00		10.00	13.60
Lin *et* Chanvre bruts, teillés, peignés *ou* en étoupes (192)	100 kil. B.	*Idem.*	Exempts.		Exempts.	3.60
Jute en brins, teillé, tordu (a) *ou* peigné (193)	100 kil. B.	*Idem.*	—		Exempt.	
Phormium tenax, Abaca *et* autres Filaments végétaux non dénommés, bruts, teillés, tordus (a), peignés *ou* en étoupes (194)	100 kil. B.	*Idem.*	Exempts.		Exempts.	
Joncs *et* Roseaux bruts (191)	100 kil. B.	*Idem.*	Exempts.		Exempts.	3.60
Écorces de tilleul, *pour cordages* (196)	100 kil. B.	*Idem.*	Exemptes.		Exemptes.	3.60
Coques de coco (189) *et* Calebasses vides	100 kil. B.	*Idem.*	Exemptes.		Exemptes.	3.60
Grains durs à tailler (190)	100 kil. B.	*Idem.*	Exempts.	3.60	Exempts.	3.60

(a) Ne sont considérés comme tordus que les filaments n'ayant subi, dans les pays hors d'Europe, que la torsion nécessaire pour les besoins du transport. (*Loi du 7 mai 1881.*)

FABRICATIONS.		UNITÉS sur lesquelles portent les droits.	TITRES de PERCEPTION.	DROITS (DÉCIMES ET 4 P. 0/0 COMPRIS)		
				PRODUITS D'ORIGINE EUROPÉENNE.	PRODUITS D'ORIGINE EXTRA-EUROPÉENNE	
					importés directement d'un pays hors d'Europe.	importés des entrepôts d'Europe.
Fils (499).				fr. c.	fr. c.	fr. c.
FILS DE LIN OU DE CHANVRE* (500) pur, mesurant au kilogramme : — simples — écrus...	2,000 mètres *ou moins*...............	100 kil. N.	7 mai 1881.	16.00	16.00	19.60
	plus de 2,000 mètres, pas plus de 5,000.	100 kil. N.	*Idem.*	18.00	18.00	21.60
	plus de 5,000 mètres, pas plus de 10,000.	100 kil. N.	*Idem.*	23.00	23.00	26.60
	plus de 10,000 mètres, pas plus de 20,000.	100 kil. N.	*Idem.*	33.00	33.00	36.60
	plus de 20,000 mètres, pas plus de 30,000.	100 kil. N.	*Idem.*	40.00	40.00	43.60
	plus de 30,000 mètres, pas plus de 40,000.	100 kil. N.	*Idem.*	50.00	50.00	53.60
	plus de 40,000 mètres, pas plus de 60,000.	100 kil. N.	*Idem.*	70.00	70.00	73.60
	plus de 60,000 mètres, pas plus de 80,000.	100 kil. N.	*Idem.*	99.00	99.00	102.60
	plus de 80,000 mètres, pas plus de 100,000.	100 kil. N	*Idem.*	149.00	149.00	152.60
	plus de 100,000 mètres	100 kil. N.	*Idem.*	200.00	200.00	203.60
— blanchis ou teints.	2,000 mètres *ou moins*...............	100 kil. N.	*Idem.*	20.80	20.80	24.40
	plus de 2,000 mètres pas plus de 5,000.	100 kil. N.	*Idem.*	23.40	23.40	27.00
	plus de 5,000 mètres, pas plus de 10,000.	100 kil. N.	*Idem.*	29.90	29.90	33.50
	plus de 10,000 mètres, pas plus de 20,000.	100 kil. N.	*Idem.*	42.90	42.90	46.50
	plus de 20,000 mètres, pas plus de 30,000.	100 kil. N.	*Idem.*	52.00	52.00	55.60
	plus de 30,000 mètres, pas plus de 40,000.	100 kil. N.	*Idem.*	65.00	65.00	68.60
	plus de 40,000 mètres, pas plus de 60,000.	100 kil. N.	*Idem.*	91.00	91.00	94.60
	plus de 60,000 mètres, pas plus de 80,000.	100 kil. N.	*Idem.*	128.70	128.70	132.30
	plus de 80,000 mètres, pas plus de 100,000.	100 kil. N.	*Idem.*	193.70	193.70	197.30
	plus de 100,000 mètres................	100 kil. N.	*Idem.*	260.00	260.00	263.60
— retors, écrus ..	2,000 mètres *ou moins*...............	100 kil. N.	*Idem.*	20.80	20.80	24.40
	plus de 2,000 mètres, pas plus de 5,000.	100 kil. N.	*Idem.*	23.40	23.40	27.00
	plus de 5,000 mètres, pas plus de 10,000.	100 kil. N.	*Idem.*	29.90	29.90	33.50
	plus de 10,000 mètres, pas plus de 20,000.	100 kil. N.	*Idem.*	42.90	42.90	46.50
	plus de 20,000 mètres, pas plus de 30,000.	100 kil. N.	*Idem.*	52.00	52.00	55.60
	plus de 30,000 mètres, pas plus de 40,000.	100 kil. N.	*Idem.*	65.00	65.00	68.60
	plus de 40,000 mètres, pas plus de 60,000.	100 kil. N.	*Idem.*	91.00	91.00	94.60
	plus de 60,000 mètres, pas plus de 80,000.	100 kil. N.	*Idem.*	128.70	128.70	132.30
	plus de 80,000 mètres, pas plus de 100,000.	100 kil. N.	*Idem.*	193.70	193.70	197.30
	plus de 100,000 mètres................	100 kil. N.	*Idem.*	260.00	260.00	263.60

FABRICATIONS.	UNITÉS sur lesquelles portent les droits.	TITRES de PERCEPTION.	DROITS (DÉCIMES ET 4 P. 0⁄0 COMPRIS)		
			PRODUITS D'ORIGINE EUROPÉENNE.	PRODUITS D'ORIGINE EXTRA-EUROPÉENNE	
				importés directement d'un pays hors d'Europe.	importés des entrepôts d'Europe.
			fr. c.	fr. c.	fr. c.
Fils (499). (Suite.)					
FILS DE LIN OU DE CHANVRE (500) mesurant au kil. (Suite), pur (Suite), retors (Suite), blanchis ou teints, 2,000 mètres *ou* moins	100 kil. N.	7 mai 1881.	27.04	27.04	30.64
plus de 2,000 mètres pas plus de 5,000	100 kil. N.	*Idem.*	30.42	30.42	34.02
plus de 5,000 mètres, pas plus de 10,000	100 kil. N.	*Idem.*	38.87	38.87	42.47
plus de 10,000 mètres, pas plus de 20,000	100 kil. N.	*Idem.*	55.77	55.77	59.37
plus de 20,000 mètres, pas plus de 30,000	100 kil. N.	*Idem.*	67.60	67.60	71.20
plus de 30,000 mètres, pas plus de 40,000	100 kil. N.	*Idem.*	84.50	84.50	88.10
plus de 40,000 mètres, pas plus de 60,000	100 kil. N.	*Idem.*	118.30	118.30	121.90
plus de 60,000 mètres, pas plus de 80,000	100 kil. N.	*Idem.*	167.31	167.31	170.91
plus de 80,000 mètres, pas plus de 100,000	100 kil. N.	*Idem.*	251.81	251.81	255.41
plus de 100,000 mètres	100 kil. N.	*Idem.*	338.00	338.00	341.60
mélangé, *le lin* ou *le chanvre dominant en poids*	—	*Idem.*	*Mêmes droits que pour les Fils de lin ou de chanvre pur, selon l'espèce et la classe.*		
FILS DE LIN *ou de* CHANVRE polis, *mesurant au kilog*, 2,000 mètres *ou* moins	—	*Idem.*	*Régime des Ficelles (p. 75).*		
plus de 2,000 m., écrus	—	*Idem.*	*Régime des Fils blanchis, simples ou retors, suivant leur état.*		
plus de 2,000 m., blanchis *ou* teints	—	*Idem.*	*Régime des Fils blanchis ou teints, simples ou retors, suivant leur état.*		
FILS DE JUTE (501) mesurant au kil., pur, écrus, moins de 1,400 mètres	100 kil. B.	*Idem.*	6.35	6.25	9.85
de 1,400 mètres *inclus* à 3,700 m. *exclus*	100 kil. B.	*Idem.*	7.50	7.50	11.10
de 3,700 mètres *inclus* à 4,200 m. *exclus*	100 kil. B.	*Idem.*	8.75	8.75	12.35
de 4,200 mètres *inclus* à 6,000 m. *exclus*	100 kil. N.	*Idem.*	12.50	12.50	16.10
plus de 6,000 mètres	—	*Idem.*	*Mêmes droits que pour les Fils de lin ou de chanvre, selon la classe.*		
blanchis ou teints, moins de 1,400 mètres	100 kil. B.	*Idem.*	8.75	8.75	12.35
de 1,400 mètres *inclus* à 3,700 m. *exclus*	100 kil. N.	*Idem.*	11.00	11.00	14.60
de 3,700 mètres *inclus* à 4,200 m. *exclus*	100 kil. N.	*Idem.*	12.50	12.50	16.10
de 4,200 *inclus* à 6,000 m. *exclusivement*	100 kil. N.	*Idem.*	17.50	17.50	21.10
plus de 6,000 mètres	—	*Idem.*	*Mêmes droits que pour les Fils de lin ou de chanvre, selon la classe.*		
mélangé, *le jute dominant en poids*	—	*Idem.*	*Mêmes droits que pour les Fils de jute pur.*		
FILS DE PHORMIUM TENAX, *d'abaca et* d'autres végétaux filamenteux non dénommés, purs *ou* mélangés, *le phormium, l'abaca, etc. dominant en poids* * (502)	—	*Idem.*	*Mêmes droits que pour les Fils de jute.*		

FABRICATIONS.	UNITÉS sur LESQUELLES portent les droits.	TITRES de PERCEPTION.	DROITS (DÉCIMES ET 4 P. 0/0 COMPRIS)		
			PRODUITS D'ORIGINE EUROPÉENNE.	PRODUITS D'ORIGINE EXTRA-EUROPÉENNE	
				importés directement d'un pays hors d'Europe.	importés des entrepôts d'Europe.
			fr. c.	fr. c.	fr. c.
Ouvrages de Corderie.					
de sparte, de tilleul *et* de jonc...	100 kil. B.	7 mai 1881.	3.75	3.75	7.35
CORDAGES, Fils polis et Ficelles (585) autres, *mesurant par kilog. de fil simple.* 500 mètres *et* au-dessous......	100 kil. N.	*Idem.*	18.50	18.50	22.10
de 500 *exclusivement* à 2,000 m. *inclusivement*	100 kil. N.	*Idem.*	22.50	22.50	26.10
plus de 2,000 mètres (A)........	——	*Idem.*	*Droits des* Fils de lin *ou* de chanvre, retors.		
FILETS de pêche	100 kil. N.	*Idem.*	20.00	20.00	23.60

(A) Les Fils *polis* de lin *ou* de chanvre de plus de 2,000 mètres au kilogramme sont spécialement tarifés.